KB043838

MP3 다운로드 방법

컴퓨터에서

- 네이버 블로그 주소란에 **www.lancom.co.kr** 입력 또는 네이버 블로그 검색창에 **랭컴**을 입력하신 후 다운로드

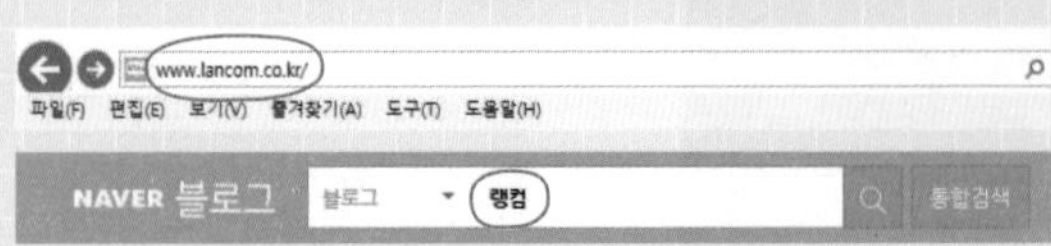

- **www.webhard.co.kr**에서 직접 다운로드

아이디 : **lancombook**

패스워드 : **lancombook**

스마트폰에서

콜롬북스 앱을 통해서 본문 전체가 녹음된 **MP3** 파일을 **무료**로 **다운로드**할 수 있습니다.

COLUM BOOKS

- 구글플레이 · 앱스토어에서 **콜롬북스 앱** 다운로드 및 설치
- 이메일로 회원 가입 → **도서명** 또는 **랭컴** 검색 → **MP3 다운로드**

▶ mp3 다운로드

www.lancom.co.kr에 접속하여 **mp3**파일을 무료로 다운로드합니다.

▶ 우리말과 일본인의 1 : 1 녹음

책 없이도 공부할 수 있도록 일본인 남녀가 자연스런 속도로 번갈아가며 일본어 문장을 녹음하였습니다. 우리말 한 문장마다 일본인 남녀 성우가 각각 1번씩 읽어주기 때문에 보다 더 정확한 발음을 익힐 수 있습니다.

▶ mp3 반복 청취

교재를 공부한 후에 녹음을 반복해서 청취하셔도 좋고, 일본인의 녹음을 먼저 듣고 잘 이해할 수 없는 부분은 교재로 확인해보는 방법으로 공부하셔도 좋습니다. 어떤 방법이든 자신에게 잘 맞는다고 생각되는 방법으로 꼼꼼하게 공부하십시오. 보다 자신 있게 일본어를 할 수 있게 될 것입니다.

▶ 정확한 발음 익히기

발음을 공부할 때는 반드시 함께 제공되는 mp3 파일을 이용하시기 바랍니다. 언어를 배울 때 듣는 것이 중요하다는 것은 두말할 필요가 없습니다. 오랫동안 자주 반복해서 듣는 연습을 하다보면 어느 순간 갑자기 말문이 열리게 되는 것을 경험할 수 있을 것입니다. 의사소통을 잘 하기 위해서는 말을 잘하는 것도 중요하지만 상대가 말하는 것을 정확하게 듣는 것이 더 중요하다고 합니다. 활용도가 높은 기본적인 표현을 가능한 한 많이 암기할 것과, 동시에 일본인이 읽어주는 문장을 지속적으로 꾸준히 듣는 연습을 병행하시기를 권해드립니다. 듣는 연습을 할 때는 실제로 소리를 내어 따라서 말해보는 것이 더욱 효과적입니다.

포켓북

왕초보 일상 일본어회화

포켓북
왕초보 일상 일본어회화

2019년 4월 25일 초판 1쇄 인쇄
2019년 5월 01일 초판 1쇄 발행

지은이 박해리
발행인 손건
편집기획 김상배, 장수경
마케팅 이언영
디자인 이성세
제작 최승용
인쇄 선경프린테크

발행처 ***LanCom*** **랭컴**
주소 서울시 영등포구 영신로38길 17
등록번호 제 312-2006-00060호
전화 02) 2636-0895
팩스 02) 2636-0896
홈페이지 www.lancom.co.kr

ISBN 979-11-89204-37-2 13730

나만 믿고 따라와 ~
만만하게 듣고 당당하게 말한다!

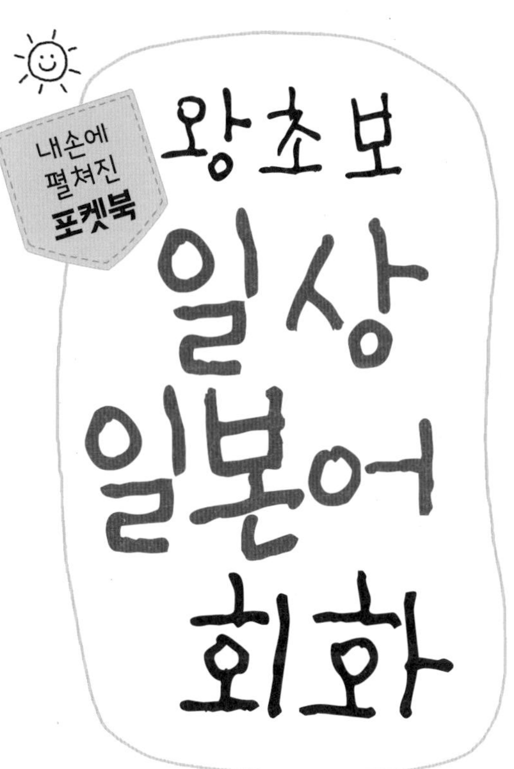

왕초보 일상 일본어 회화

박해리 지음

LanCom
Language & Communication

들어가며

국내에서 일본인과 함께 생활하거나 일본에서 직접 그 나라의 사람들과 생활을 할 때는 일상적인 회화는 절대적으로 필요합니다. 따라서 이 책은 '사용할 수 있는 회화'라는 기준을 두고 실제 상황에서 자연스럽게 쓸 수 있는 표현만을 엄선하였습니다. 누구나 배우기 쉽고 또 배운 표현을 통해 다양한 응용이 가능하도록 구성되어 있습니다.

✡ 휴대가 간편한 일상회화

일본 현지에서 그때그때 필요한 회화표현을 쉽게 찾아서 말할 수 있도록 한 손에 쏙 들어가는 사이즈로 만들었습니다.

✡ 상황별로 익히는 상황표현

회화가 일어날 수 있는 다양한 상황들을 크게 10가지 상황으로 분류하였습니다. 하루일과에서 학교생활, 직장생활, 외출, 초대와 방문 등 '일상생활'의 필수 표현을 수록하여 어떤 상황에서도 쉽게 적용할 수 있습니다.

✡ 확장과 응용이 쉬운 내용 선별

이 책은 기본을 익히면 충분히 응용할 수 있는 내용을 선별하여, 상대방이나 상황의 자연스런 흐름을 예상하면서 읽다보면 일본어로는 '이렇게 말하면 되는구나'하는 감각이 저절로 생기게 됩니다.

☆ 기본 표현을 응용할 수 있는 대화문

각 유닛에 들어가지 전에 각 상황에 맞는 생생한 대화문을 먼저 수록하여 표현의 정확한 쓰임을 파악할 수 있습니다. 이어서 기본 표현에서는 단순히 많은 표현을 싣기보다는 그 상황에서 가장 많이 쓰이는 6개 표현만을 엄선하여 회화 공부의 부담감을 크게 줄였습니다.

☆ 회화의 감을 높일 수 있는 Check Point!

기본 표현을 익히기 전에 상황별 회화에서의 필요한 뉘앙스 설명이나 팁을 실어 같은 의미라도 어느 표현이 적합한지 판단할 수 있는 감을 기를 수 있습니다. 우리와는 다른 일본 문화에 대한 정보나, 설명이 더 필요한 문장에 대해 단어나 유의어 표현 등을 추가하였습니다.

☆ 왕초보자도 읽을 수 있도록 한글로 일본어 발음 표기

이 책은 일본어 회화를 제대로 구사하지 못해도 일본어 밑에 한글로 그 발음을 달아두었기 때문에 또박또박 발음만 잘 한다면 일본인들도 충분히 알아들을 수 있습니다. 또한 무료로 제공하는 MP3 파일에는 일본인의 생생한 목소리가 담겨져 있어 보다 정확한 발음을 익힐 수 있습니다.

차례

Contents

Part 9 공공장소

Part 10 병원

EVERYDAY

Part 01

기본편

일본어

Unit

01 인사할 때

Mini Talk

A: 今日(きょう)はいい天気(てんき)ですね。

교-와 이- 텡끼데스네

오늘은 날씨가 좋군요.

B: ほんとうにそうですね。

혼또-니 소-데스네

정말 그렇군요.

Check Point!

우리는 일상적으로 만났을 때 '안녕하세요'라고 하지만, 일본에서는 아침에 일어나서 점심때까지는 おはようございます라고 하며, 친근한 사이에서는 줄여서 おはよう만으로 인사를 합니다. 낮부터 저녁때까지는 こんにちは라고 하며, 해가 지고 어두워지면 こんばんは로 인사를 나눕니다. 그리고 밤에 헤어질 때는 おやすみなさい(안녕히 주무세요)라고 합니다.

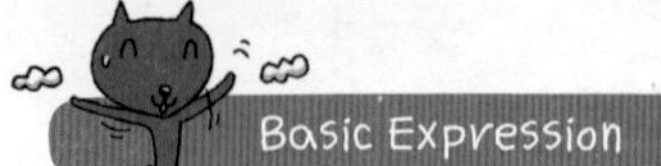

Basic Expression

안녕하세요.(아침)

おはようございます。
오하요- 고자이마스

안녕.(아침)

おはよう。
오하요-

안녕하세요.(낮)

こんにちは。
곤니찌와

안녕하세요.(저녁)

こんばんは。
곰방와

날씨가 좋네요.

いい天気(てんき)ですね。
이- 텡끼데스네

안녕히 주무세요.

おやすみなさい。
오야스미나사이

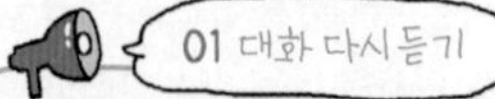

A: 오늘은 날씨가 좋군요.

B: 정말 그렇군요.

□ □ □

Unit

02 외출할 때

Mini Talk

A: いってらっしゃい。

잇떼랏샤이

잘 다녀오셔요.

B: 行[い]ってきます。

잇떼 기마스

다녀오겠습니다.

Check Point!

외출을 하거나 출근할 때 집에 있는 사람에게 다녀오겠다고 인사를 할 때는 行ってきます라고 하며, 공손하게 말할 때는 行ってまいります라고 합니다. 이에 대한 대답으로 잘 다녀오라고 할 때는 行っていらっしゃい라고 합니다. 귀가를 했을 때는 ただいま라고 인사를 하면 おかえりなさい라고 하며 반갑게 맞이합니다.

다녀 올게요.

<ruby>行<rt>い</rt></ruby>ってきます。

잇떼 기마스

다녀 오겠습니다.

<ruby>行<rt>い</rt></ruby>ってまいります。

잇떼 마이리마스

잘 다녀 오세요.

いっていらっしゃい。

잇떼 이랏샤이

다녀왔습니다.

ただいま。

다다이마

어서 오세요.

おかえりなさい。

오까에리나사이

조심해서 다녀와요.

<ruby>気<rt>き</rt></ruby>をつけてね。

기오 쓰케떼네

□ □ □

A: 잘 다녀 오셔요.

B: 다녀 오겠습니다.

학습일 /

Unit 03 근황을 물을 때

Mini Talk

A: お元気(げんき)ですか。

오겡끼데스까

잘 지내십니까?

B: はい、おかげさまで元気(げんき)です。

하이, 오까게사마데 겡끼데스

네, 덕분에 잘 지냅니다.

Check Point!

お元気ですか는 영화를 통해 우리에게 잘 알려진 인사말로 상대의 안녕을 묻는 표현입니다. 대답할 때는 はい、元気です라고 하면 됩니다. 또한, 근황에 대해 물을 때는 건강뿐만 아니라 사업, 가족, 하는 일 등 다양하게 물어볼 수 있습니다. 그저 아주 잘 지내는 정도는 아니지만 그럭저럭 잘 지내고 있다고 대답할 때는 まあまあです라고 합니다.

Basic Expression

잘 지내시죠?

お元気(げんき)ですか。

오겡끼데스까

별일 없으세요?

おかわりありませんか。

오까와리 아리마셍까

요즘 어떠신가요?

このごろはいかがですか。

고노고로와 이까가데스까

일은 어떠세요?

仕事(しごと)はどうですか。

시고또와 도-데스까

그저 그래요.

まあまあです。

마-마-데스

좋아 보이네요.

お元気(げんき)そうですね。

오겡끼 소-데스네

□□□

A: 잘 지내십니까?

B: 네, 덕분에 잘 지냅니다.

Unit 04 처음 만났을 때

Mini Talk

A: はじめまして。どうぞよろしく。

하지메마시떼. 도-조 요로시꾸

처음 뵙겠습니다. 잘 부탁드립니다.

B: お会(あ)いできてうれしいです。

오아이데키떼 우레시-데스

만나서 반갑습니다.

Check Point!

はじめまして는 처음 사람을 만났을 때 하는 관용적인 인사표현으로 뒤에 どうぞよろしく를 덧붙여 말하는 것이 정형화되어 있습니다. どうぞよろしく는 뒤에 お願いします(부탁드립니다)를 줄여서 표현한 것으로 상대에게 뭔가를 부탁을 할 때도 쓰이지만, 단순히 습관적인 인사치레의 말로 쓰이는 경우가 많습니다.

처음 뵙겠습니다.

はじめまして。
하지메마시떼

잘 부탁합니다.

どうぞよろしく。
도-조 요로시꾸

저야말로 잘 부탁합니다.

こちらこそどうぞよろしく。
고찌라꼬소 도-조 요로시꾸

잘 부탁드립니다.

どうぞよろしくお願(ねが)いします。
도-조 요로시꾸 오네가이시마스

뵙게 되어 기쁩니다.

おめにかかれてうれしいです。
오메니카까레떼 우레시-데스

뵙게 되어 영광입니다.

おめにかかれて光栄(こうえい)です。
오메니카까레떼 코-에-데스

---

04 대화 다시 듣기

A: 처음 뵙겠습니다. 잘 부탁드립니다.

B: 만나서 반갑습니다.

□ □ □

Unit 05

오랜만에 만났을 때

Mini Talk

A: おひさしぶりですね。

오히사시부리데스네

오랜만이군요.

B: 田中(たなか)くん、ひさしぶりだね。

다나카꿍, 히사시부리다네

다나카, 오랜만이야.

Check Point!

아는 일본인을 오랜만에 만났을 때의 인사표현으로 おひさしぶりですね가 있습니다. 이에 대한 인사로 아랫사람이라면 간단히 ひさしぶりだね라고 하면 됩니다. 잠깐 헤어졌다가 만날 때는 しばらくでした라고 합니다. 그 동안 어떻게 지냈는지 물을 때는 その後どうでしたか라고 하면 되고, 덕분에 잘 지냈다고 할 때는 おかげさまで라고 하면 됩니다.

오랜만이군요.

おひさしぶりですね。

오히사시부리데스네

오래간만입니다.

しばらくでした。

시바라꾸데시다

오랫동안 격조했습니다.

長(なが)らくごぶさたしております。

나가라꾸 고부사따시떼 오리마스

뵙고 싶었어요.

お会(あ)いしたかったんです。

오아이시타깟딴데스

그동안 어떻게 지냈어요?

その後(ご)どうでしたか。

소노고 도-데시다까

별고 없으셨지요?

おかわりありませんでしたか。

오까와리 아리마센데시다까

□□□

A: 오랜만이군요.

B: 다나카, 오랜만이야.

Unit

06 헤어질 때

A: ごきげんよう。

고끼겡요-

안녕.

B: さようなら。また会(あ)う日(ひ)まで。

사요-나라. 마따 아우 히마데

다시 만날 때까지 안녕.

Check Point!

일상적으로 만나고 헤어질 때는 じゃ、またあした(그럼, 내일 봐요)라고 가볍게 인사를 나누며 헤어집니다. さようなら는 본래 それでは의 문어체로 현대어서는 작별할 때 쓰이는 인사말로 굳어진 형태입니다. 따라서 이것은 매일 만나는 사람과는 쓰지 않으며 오랫동안 헤어질 때 쓰이는 작별인사로 줄여서 さよなら라고도 합니다.

안녕히 가세요(계세요).

さようなら。
사요-나라

안녕히 가세요.

ごきげんよう。
고끼겡요-

그럼, 또 내일 봐요.

では、またあした。
데와, 마따 아시따

그럼, 또 봐.

じゃ、またね。
쟈, 마따네

또 만나요.

また会(あ)いましょう。
마따 아이마쇼-

모두에게 안부 전해 주세요.

みなさまによろしく。
미나사마니 요로시꾸

06 대화 다시 듣기

A: 안녕.

B: 다시 만날 때까지 안녕.

□ □ □

Unit 07 고마울 때

Mini Talk

A: ほんとうにありがとうございます。

혼또-니 아리가또- 고자이마스

정말로 고맙습니다.

B: どういたしまして。

도- 이따시마시떼

천만에요.

Check Point!

일본어로 고마움을 나타낼 때 가장 일반적인 말은 ありがとうございます입니다. 친근한 사이에서는 줄여서 ありがとう만으로도 사용합니다. 또한 상대의 친절한 행위나 말에 대한 대해서 고마움을 나타낼 때는 ~にありがとう로 표현하며 이에 대한 응답 표현으로는 どういたしまして(천만에요), こちらこそ(저야말로) 등이 있습니다.

고마워요.

ありがとう。
아리가또-

대단히 고맙습니다.

どうもありがとうございます。
도-모 아리가또- 고자이마스

그동안 감사했습니다.

今(いま)までありがとうございました。
이마마데 아리가또- 고자이마시다

여러 가지로 신세가 많았습니다.

いろいろおせわになりました。
이로이로 오세와니 나리마시다

천만에요.

どういたしまして。
도- 이따시마시떼

저야말로.

こちらこそ。
고찌라꼬소

07 대화 다시 듣기

A: 정말로 고맙습니다.
B: 천만에요.

Unit 08 미안할 때

Mini Talk

A: あっ、ごめんなさい。大丈夫(だいじょうぶ)ですか。

앗, 고멘나사이. 다이죠-부데스까

앗, 미안해요. 괜찮으세요?

B: ええ、わたしは大丈夫(だいじょうぶ)です。

에-, 와따시와 다이죠-부데스

예, 저는 괜찮아요.

Check Point!

일본인은 어렸을 때부터 남에게 폐를 끼치지 말라고 교육을 받은 탓에 상대에게 피해라고 여겨지면 실례나 사죄의 말이 입에서 자동으로 나올 정도입니다. 상대방에게 실수나 잘못을 했을 때는 보통 すみません, ごめんなさい가 가장 일반적이며, 에에 대한 응답 표현으로는 いいですよ, かまいませんよ, 大丈夫です 등이 있습니다.

Basic Expression

미안해요.

ごめんなさい。

고멘나사이

죄송합니다.

申(もう)しわけありません。

모-시와께 아리마셍

늦어서 미안해요.

遅(おく)れてすみません。

오꾸레떼 스미마셍

기다리게 해서 죄송합니다.

お待(ま)たせしてすみませんでした。

오마따세시떼 스미마센데시다

실례했습니다.

失礼(しつれい)しました。

시쯔레-시마시다

괜찮아요.

いいんですよ。

이인데스요

A: 앗, 미안해요. 괜찮으세요? □□□

B: 예, 저는 괜찮아요.

학습일 / ☐

Unit 09

축하할 때

Mini Talk

A: 誕生日(たんじょうび)おめでとう。

탄죠-비 오메데또-

생일 축하해.

B: ありがとう。

아리가또-

고마워.

Check Point!

おめでとう는 가장 일반적인 축하 표현이지만 좋은 결과에 대해 칭찬을 할 때도 쓰입니다. 정중하게 말할 때는 おめでとうございます라고 합니다. 본래 おめでとう는 めでたい(경사스럽다)에 ございます가 접속되었을 때 う음편을 한 형태입니다. 축하에 대한 응답으로는 ありがとう나 おかげさまで(덕분에) 등이 있습니다.

축하해요.

おめでとう。

오메데또-

축하합니다.

おめでとうございます。

오메데또- 고자이마스

진심으로 축하드립니다.

こころからお祝(いわ)い申(もう)し上(あ)げます。

고꼬로까라 오이와이 모-시아게마스

생일 축하해.

お誕生日(たんじょうび)おめでとう。

오딴죠-비 오메데또-

축하해요. 다행이네요.

おめでとう。よかったですね。

오메데또-. 요캇따데스네

당신 덕분입니다.

あなたのおかげです。

아나따노 오까게데스

□□□

A: 생일 축하해.

B: 고마워.

학습일 /

Unit 10

환영할 때

Mini Talk

A: ようこそ韓国(かんこく)へ。

요-꼬소 캉코꾸에

한국에 잘 오셨습니다.

B: はい、どうも。

하이, 도-모

네, 고마워요.

Check Point!

가게에 가면 손님에게 いらっしゃいませ라고 큰소리로 맞이하는 것을 많이 볼 수가 있습니다. 손님을 맞이하며 집으로 안내할 때는 どうぞお入りください라고 합니다. 방문객을 맞이할 때 하는 환영의 인사말로는 보통 우리말의 '잘 오셨습니다'에 해당하는 よくいらっしゃいましたい おいでくださいました를 생략하여 ようこそ만으로 많이 쓰입니다.

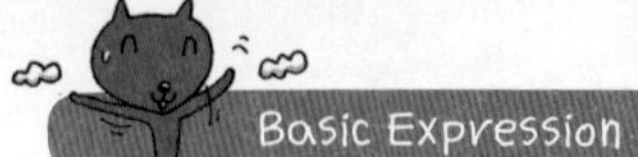

어서 오세요!

いらっしゃい!

이랏샤이

자 들어오십시오!

どうぞお入(はい)りください!

도-조 오하이리 구다사이

대환영입니다.

大歓迎(だいかんげい)です。

다이캉게-데스

잘 오셨습니다.

ようこそおいでくださいました。

요-꼬소 오이데 구다사이마시다

진심으로 환영합니다.

こころより歓迎(かんげい)いたします。

고꼬로요리 캉게- 이따시마스

꼭 오십시오.

ぜひいらしてください。

제히 이라시떼 구다사이

□□□

A: 한국에 잘 오셨습니다.

B: 네, 고마워요.

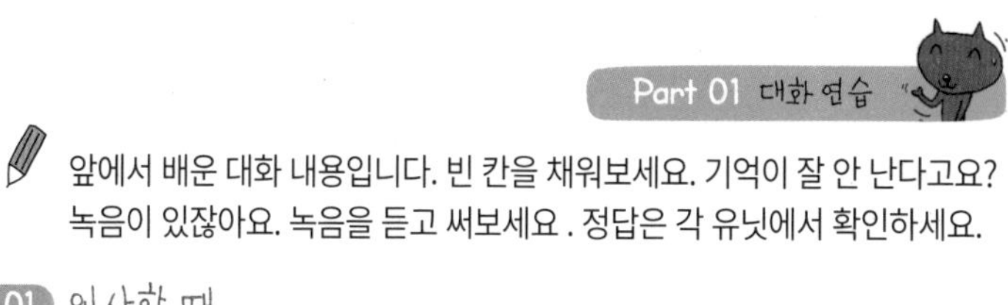

앞에서 배운 대화 내용입니다. 빈 칸을 채워보세요. 기억이 잘 안 난다고요? 녹음이 있잖아요. 녹음을 듣고 써보세요 . 정답은 각 유닛에서 확인하세요.

01 인사할 때

A: きょうは＿＿＿＿＿＿＿＿＿＿。
B: ほんとうにそうですね。

오늘은 날씨가 좋군요.
정말 그렇군요.

02 외출할 때

A: ＿＿＿＿＿＿＿＿＿＿。
B: 行ってきます。

잘 다녀오세요.
다녀오겠습니다.

03 근황을 물을 때

A: お元気ですか。
B: はい、＿＿＿＿＿＿＿＿＿＿。

잘 지내십니까?
네, 덕분에 잘 지냅니다.

04 처음 만났을 때

A: ＿＿＿＿＿＿＿＿＿＿。どうぞよろしく。
B: お会いできてうれしいです。

처음 뵙겠습니다. 잘 부탁드립니다.
만나서 반갑습니다.

05 오랜만에 만났을 때

A: ＿＿＿＿＿＿＿＿＿＿。
B: 田中くん、ひさしぶりだね。

오랜만이군요.
다나카, 오랜만이야.

06 헤어질 때

A: ____________________。

B: さようなら。また会う日まで。

안녕.

다시 만날 때까지 안녕.

07 고마울 때

A: ほんとうに____________________。

B: どういたしまして。

정말로 고맙습니다.

천만에요.

08 미안할 때

A: あっ、____________。大丈夫ですか。

B: ええ、わたしは大丈夫です。

앗, 미안해요. 괜찮으세요?

예, 저는 괜찮아요.

09 축하할 때

A: 誕生日____________。

B: ありがとう。

생일 축하해.

고마워.

10 환영할 때

A: ____________________。

B: はい、どうも。

한국에 잘 오셨습니다.

네, 고마워요.

EVERYDAY

Part 02

하루

일본어

학습일 ／ □

Unit 01

일어날 때

Mini Talk

A: よく眠(ねむ)れましたか。

요꾸 네무레마시다까

잘 잤어요?

B: いいえ、悪(わる)い夢(ゆめ)をみました。

이-에, 와루이 유메오 미마시다

아뇨, 나쁜 꿈을 꿨어요.

Check Point!

일본의 가정도 우리와 크게 다를 바 없습니다. 아침에 일어나지 않고 꾸물거리는 아이들의 잠을 깨울 때는 早く起きなさい라고 하며, 남편일 경우에는 あなた、もう起きる時間ですよ라고 하며 잠을 깨웁니다. 일어난 가족에게 잘 잤느냐고 물어볼 때는 よく眠れましたか라고 하며, 잠을 푹 잘 잤을 때는 ぐっすり寝ましたよ라고 하면 됩니다.

Basic Expression

빨리 일어나라.

早(はや)く起(お)きなさい。

하야꾸 오끼나사이

여보, 이제 일어날 시간이에요!

あなた、もう起(お)きる時間(じかん)ですよ!

아나따, 모- 오끼루 지깐데스요

푹 잤어요.

ぐっすり寝(ね)ましたよ。

굿스리 네마시따요

알람을 꺼 주세요.

目覚(めざ)まし時計(どけい)を止(と)めてください。

메자마시도께-오 도메떼 구다사이

아직 졸려요.

まだ眠(ねむ)いですよ。

마다 네무이데스요

날씨는 어때요?

お天気(てんき)はどうですか。

오텡끼와 도-데스까

□□□

A: 잘 잤어요?

B: 아뇨, 나쁜 꿈을 꿨어요.

Unit 02 아침준비

A: 遅(おそ)くなりました。朝食(ちょうしょく)は要(い)りませんよ。

오소꾸나리마시다. 쵸-쇼꾸와 이리마셍요

늦었어요. 아침식사는 안 먹을래요.

B: でも少(すこ)しは食(た)べないとね。

데모 스꼬시와 다베나이또네

그래도 조금은 먹어야지.

Check Point!

일본인의 일상적인 아침준비도 우리와 마찬가지입니다. 아침에 일어나면(朝起きる) 먼저 이불을 개고(ふとんをたたむ) 간단하게 방정리를 마치면 세수를 하고(顔を洗う) 아침식사를 기다리면서 신문을 읽거나(新聞を読む) 텔레비전을 봅니다(テレビを見る). 그 동안 엄마들은 아이들 등교준비와 남편의 출근준비로 바쁘기 마련입니다.

Basic Expression

잠옷을 개거라.

かた づ
パジャマを片付けなさい。

파쟈마오 가따즈께나사이

커텐을 열고, 이불도 개자.

あ ふ とん
カーテンを開けて、布団もたたもう。

카-텡오 아케떼, 후똠모 다따모-

샤워 좀 하고 와요.

あ
シャワーを浴びていらっしゃい。

샤와-오 아비떼 이랏샤이

신문 좀 가져와요.

しんぶん と
新聞を取ってきてね。

심붕오 돗떼 기떼네

아침밥을 먹기 전에 세수를 하거라.

あさ はん まえ かお あら
朝ご飯の前に顔を洗いなさい。

아사고한노 마에니 가오오 아라이나사이

이는 닦았니?

は みが
歯は磨いたの。

하와 미가이따노

02 대화 다시듣기

□□□

A: 늦었어요. 아침식사는 안 먹을래요.

B: 그래도 조금은 먹어야지.

학습일 /

Unit 03

아침식사

Mini Talk

A: さあ、ご飯(はん)ですよ。

사-, 고한데스요

자, 밥 먹어요.

B: はい、いただきます。

하이, 이따다끼마스

네, 잘 먹겠습니다.

Check Point!

일본인의 아침식사는 매우 간편한 편입니다. 대부분은 빵과 우유로 아침을 대신하고 밥을 먹을 때는 날달걀을 깨 간장과 함께 풀어서 밥 위에 얹어 먹습니다. 여기에 콩을 발효시켜 만든 낫토나 일본식 김을 얹어 먹으면 아침식사는 간편하게 끝납니다. 영양보충 차원에서 두부도 곁들여 먹기도 하며 미소시루(된장국)와 츠케모노(절임) 정도가 전부입니다.

아침 먹을 시간이에요.

朝食(ちょうしょく)の時間(じかん)ですよ。

쵸―쇼꾸노 지깐데스요

아침식사 준비가 다 됐어요.

朝(あさ)ご飯(はん)の準備(じゅんび)ができましたよ。

아사고한노 쥼비가 데끼마시따요

아침밥이 식겠어요.

朝(あさ)ご飯(はん)が冷(さ)めますよ。

아사고항가 사메마스요

나중에 먹을게요.

後(あと)で食(た)べます。

아또데 다베마스

아침밥은 뭐예요?

朝(あさ)ご飯(はん)は何(なん)ですか。

아사고항와 난데스까

아침식사는 안 거르는 게 좋아요.

朝食(ちょうしょく)は抜(ぬ)かないほうがいいですよ。

쵸-쇼꾸와 누까나이 호-가 이-데스요

03 대화 다시 듣기

□ □ □

A: 자, 밥 먹어요.

B: 네, 잘 먹겠습니다.

Unit 04 집을 나설 때

Mini Talk

A: お弁当(べんとう)は持(も)った?

오벤또-와 못따

도시락은 챙겼니?

B: 遅刻(ちこく)だ。

치코꾸다

늦었어.

Check Point!

아침식사를 마치면 아이들은 등교를 하고 남편은 회사에 출근을 하게 됩니다. 집에 있는 사람은 밖에 나가기 전에 무언가 빠뜨린 무건이 없는지 何か忘れてはいない라고 확인합니다. 시간이 늦어을 때는 早くしないと遅刻するわよ라고 빨리 준비하기를 재촉합니다. 밖에 나가는 사람은 行ってきます, 집안에 있는 사람은 行っていらっしゃい라고 인사를 합니다.

오늘은 무얼 입을까?

今日(きょう)は何(なに)を着(き)ようかな。

쿄-와 나니오 기요-까나

빨리 갈아입어라.

早(はや)く着替(きが)えなさい。

하야꾸 기가에나사이

서두르지 않으면 지각해.

早(はや)くしないと遅刻(ちこく)するわよ。

하야꾸 시나이또 치코꾸스루와요

문은 잠갔어요?

ドアに鍵(かぎ)をかけましたか。

도아니 카기오 가께마시다까

뭐 잊은 건 없니?

何(なに)か忘(わす)れてはいないの?

나니까 와스레떼와 이나이노

다녀올게요.

行(い)ってきます。

잇떼 기마스

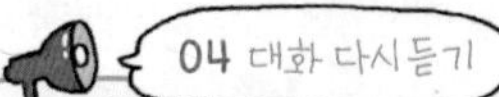

☐☐☐

A: 도시락은 챙겼니?

B: 늦었어.

학습일 ／ □

Unit

05 집안일

Mini Talk

A: まあ、散(ち)らかってること!

마-, 치라캇떼루고또

어머, 난장판이구나!

B: すぐ片付(かたづ)けますよ。

스구 카따즈께마스요

금방 치울게요.

Check Point!

일본인의 주거생활은 서양화가 진척되어 응접실이나 아이들 방은 나무 바닥이나 카펫으로 깔려 있지만 아직도 다다미를 깔며 전통성을 유지하고 있는 가옥도 많습니다. 집은 대체적으로 협소하기 때문에 수납공간이 잘 마련되어 있어 말끔하게 정리되어 있는 편입니다. 집안일은 집안에 있는 사람의 몫이지만 요즘은 가족 전체가 나서서 하기도 합니다.

Basic Expression

방 좀 치워라.

へや　かたづ

部屋を片付けなさい。

헤야오 가따즈께나사이

좀 거들어 줘요.

てつだ

お手伝いをしてね。

오테쓰다이오 시떼네

청소 좀 거들어 줘요.

そうじ　てつだ

掃除を手伝ってね。

소-지오 테쓰닷떼네

세탁물을 말려 줘요.

せんたくもの　ほ

洗濯物を干してね。

센타꾸모노오 호시떼네

개에게 밥 좀 줘요.

いぬ

犬にえさをあげてね。

이누니 에사오 아게떼네

그 셔츠를 다려 주세요.

そのシャツにアイロンをかけてください。

소노 샤쓰니 아이롱오 가께떼 구다사이

□ □ □

A: 어머, 난장판이구나!

B: 금방 치울게요.

학습일 ／ □

Unit 06

귀가

Mini Talk

A: 今日(きょう)はどうでした?

쿄-와 도-데시다

오늘은 어땠어요?

B: 今日(きょう)はすべてうまくいったよ。

쿄-와 스베떼 우마꾸 잇따요

오늘은 모두 잘 됐어요.

Check Point!

아침에 출근하여 회사에서 하루일과를 마치면 곧바로 귀가하는(まっすぐ家に帰る) 경우도 있지만 귀가길에 회사 동료들과 술을 마시는(帰りに酒を飲む) 사람도 있습니다. 귀가를 하는 남편이나 아이들은 집에 있는 사람에게 다녀왔다고 ただいま라고 인사를 합니다. 그러면 집안에 있는 사람은 おかえりなさい라고 반갑게 맞이합니다.

곧장 집으로 갈까?

まっすぐ家(いえ)に帰(かえ)ろうかな。

맛스구 이에니 가에로-까나

다녀왔어요.

ただいま。

다다이마

어서 와요.

おかえりなさい。

오까에리나사이

피곤한데.

疲(つか)れたな。

쓰까레따나

오늘은 즐거웠니?

今日(きょう)は楽(たの)しかった?

쿄-와 다노시캇따

일은 어땠어요?

仕事(しごと)はどうでしたか。

시고또와 도-데시다까

□□□

A: 오늘은 어땠어요?

B: 오늘은 모두 잘 됐어요.

Unit 07 저녁식사

Mini Talk

A: ちゃんと手(て)を洗(あら)った?

챠또 데오 아랏따

손은 잘 씻었니?

B: はい。これ、ほんとうにおいしそうですね。

하이. 고레, 혼또-니 오이시소-데스네

네. 이거 정말 맛있어 보이네요.

Check Point!

일본인의 저녁식사는 딱히 정해진 것은 없지만 그날그날 먹고 싶은 음식으로 저녁을 준비합니다. 맞벌인 경우에는 퇴근길에 역 근처의 슈퍼에서 장을 봐와서 저녁을 준비하며, 가끔 외식을 하는 경우도 있습니다. 일본인들은 생선회나 초밥, 오뎅, 샤부샤부, 스키야끼 등을 먹을 때 오히려 일본술(사케나 일본 소주)보다 맥주를 더 많이 마시는 편입니다.

Basic Expression

저녁은 무얼로 할까요?

ゆうしょく　なに
夕食は何にしましょうか。

유-쇼꾸와 나니니 시마쇼-까

저녁밥 다 되었어요?

ばん　はん
晩ご飯はできましたか。

방고항와 데끼마시다까

식사 준비를 거들어 주겠니?

はん　したく　てつだ
ご飯の支度を手伝ってくれる?

고한노 시타꾸오 데쓰닷떼 구레루

잘 먹겠습니다.

いただきます。

이따다끼마스

잘 먹었습니다.

ごちそうさま。

고찌소-사마

그릇 좀 치워 주겠니?

さら　かたづ
お皿を片付けてくれる?

오사라오 가따즈께떼 구레루

□□□

A: 손은 잘 씻었니?

B: 네. 이거 정말 맛있어 보이네요.

학습일 ／ □

Unit 08

저녁시간을 보낼 때

Mini Talk

A: 今何(いまなに)やってるの?

이마 나니 얏떼루노

지금 무얼 하고 있니?

B: テレビを見(み)ていますよ。

테레비오 미떼 이마스요

텔레비전을 보고 있어요.

Check Point!

저녁에 귀가하면 먼저 간단하게 샤워나 목욕을 하면서 하루의 피로를 풀어줍니다. 그리고 나서 저녁식사를 마치면 게임을 하거나 가족 모두가 거실에 앉아서 텔레비전을 보면서 하루일과를 마무리합니다. 아이들을 각자 방에서 숙제를 하거나 공부를 합니다. 잠자기 전에 내일 준비는 다 되었는지 물을 때는 あしたの用意はできているの라고 합니다.

역시 집이 좋아!

やっぱり家(いえ)はいいな。

얍빠리 이에와 이-나

샤워 좀 할까?

シャワーを浴(あ)びるか。

샤와-오 아비루까

목욕물이 데워졌어요.

お風呂(ふろ)がわいてるよ。

오후로가 와이떼루요

텔레비전을 더 보고 싶어요.

もっとテレビが見(み)たいですよ。

못또 테레비가 미따이데스요

숙제는 끝났니?

宿題(しゅくだい)は終(お)わったの?

슈꾸다이와 오왓따노

내일 준비는 다 했니?

あしたの用意(ようい)はできているの?

아시따노 요-이와 데끼떼 이루노

□□□

A: 지금 무얼 하고 있니?

B: 텔레비전을 보고 있어요.

Unit 09 휴일

A: 今夜(こんや)は外食(がいしょく)しましょう。

공야와 가이쇼꾸시마쇼-

오늘밤에는 외식합시다.

B: どこか行(い)きたい店(みせ)はありますか。

도꼬까 이끼따이 미세와 아리마스까

어디 가고 싶은 가게는 있어요?

Check Point!

일본인도 우리와 마찬가지로 주말에는 근처의 공원이나 관광지에 놀러가기도 하며, 다양한 취미생활을 즐기기도 합니다. 또한 가족단위로 할인점이나 대형 슈퍼마켓에 가서 쇼핑을 즐깁니다. 참고로 일본인은 여가의 3분의 1을 파친코나 경마를 한다고 합니다. 비교적 짧은 휴일에는 많은 사람들이 도박게임을 즐기면서 시간을 보낸다고 합니다.

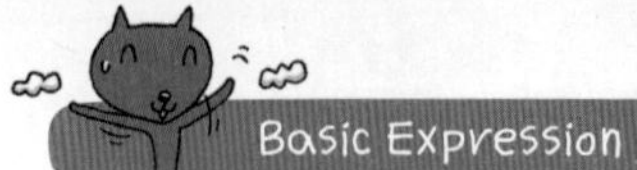

오늘은 어떻게 보낼까?

今日(きょう)はどうやって過(す)ごそうかな。

쿄-와 도-얏떼 스고소-까나

낮잠을 자고 싶군.

昼寝(ひるね)をしたいな。

히루네오 시따이나

백화점에 쇼핑 갑시다.

デパートに買(か)い物(もの)に行(い)きましょう。

데파-토니 가이모노니 이끼마쇼-

개를 데리고 산책을 가자.

犬(いぬ)を連(つ)れて散歩(さんぽ)に行(い)こう。

이누오 쓰레떼 삼뽀니 이꼬-

오늘은 데이트가 있어요.

今日(きょう)はデートなんですよ。

쿄-와 데-토난데스요

프로야구를 보러 갑시다.

プロ野球(やきゅう)を見(み)に行(い)きましょう。

프로야뀨-오 미니 이기마쇼-

□ □ □

A: 오늘밤에는 외식합시다.

B: 어디 가고 싶은 가게는 있어요?

Unit 10 잠잘 때

Mini Talk

A: 寝(ね)ていたの?

네떼 이따노

자고 있었니?

B: いいや、起(お)きていたよ。

이-야, 오끼떼 이따요

아냐, 안 자고 있었어.

Check Point!

드디어 바쁜 하루일과를 마치고 잠자리에 듭니다. 잠잘 시간이 다 되면 もう寝る時間ですよ라고 말하면 잠을 재촉합니다. 대부분 잠들기 전에 알람을 맞춰놓지만 일찍 깨워달라고 부탁할 때는 あしたは朝早く起こしてね라고 합니다. 그리고 잠을 자러 각자 방에 들어가면서 잘 자라고 おやすみなさい하고 인사를 나눕니다.

오늘밤은 일찍 잡시다.

こんや　はや　ね
今夜は早く寝ましょう。
공야와 하야꾸 네마쇼-

이제 잘 시간이에요.

ね　じかん
もう寝る時間ですよ。
모- 네루 지깡데스요

텔레비전을 보지 말고 일찍 자거라.

み　はや　ね
テレビを見ないで早く寝なさい。
테레비오 미나이데 하야꾸 네나사이

내일은 아침 일찍 깨워줘요.

あさはや　お
あしたは朝早く起こしてね。
아시따와 아사하야꾸 오꼬시떼네

좋은 꿈꾸세요.

ゆめ　み
いい夢を見ますように。
이- 유메오 미마스요-니

안녕히 주무세요(잘 자거라).

おやすみなさい。
오야스미나사이

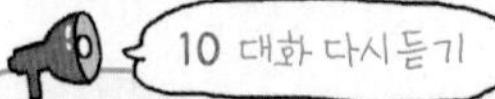

□□□

A: 자고 있었니?

B: 아냐, 안 자고 있었어.

앞에서 배운 대화 내용입니다. 빈 칸을 채워보세요. 기억이 잘 안 난다고요? 녹음이 있잖아요. 녹음을 듣고 써보세요 . 정답은 각 유닛에서 확인하세요.

01 일어날 때

A: ______________________________。

B: いいえ、悪い夢をみました。

잘 잤어요?

아뇨, 나쁜 꿈을 꿨어요.

02 아침준비

A: ______________________________。朝食は要りませんよ。

B: でも少しは食べないとね。

늦었어요. 아침식사는 안 먹을래요.

그래도 조금은 먹어야지.

03 아침식사

A: さあ、ご飯ですよ。

B: はい、______________________________。

자, 밥 먹어요.

네, 잘 먹겠습니다.

04 집을 나설 때

A: お弁当は持った?

B: ______________________________。

도시락은 챙겼니?

늦었어.

05 집안일

A: まあ、散らかってること!

B: ______________________________。

어머, 난장판이구나!

금방 치울게요.

06 귀가

A: ________________________?

B: 今日はすべてうまくいったよ。

오늘은 어땠어요?
오늘은 모두 잘 됐어요.

07 저녁식사

A: ________________________?

B: はい。これ、ほんとうにおいしそうですね。

손은 잘 씻었니?
네. 이거 정말 맛있어 보이네요.

08 저녁시간을 보낼 때

A: ________________________?

B: テレビを見ていますよ。

지금 무얼 하고 있니?
텔레비전을 보고 있어요.

09 휴일

A: ________________________。

B: どこか行きたい店はありますか。

오늘밤에는 외식합시다.
어디 가고 싶은 가게는 있어요?

10 잠잘 때

A: ____________________?

B: いいや、起きていたよ。

자고 있었니?
아냐, 안 자고 있었어.

EVERYDAY

Part 03

일본어

학습일 / ☐

Unit 01 출신학교

Mini Talk

A: あなたはどこの大学(だいがく)を出(で)ましたか。

아나따와 도꼬노 다이가꾸오 데마시다까

당신은 어느 대학을 나왔어요?

B: 地方(ちほう)の国立大学(こくりつだいがく)に通(かよ)いました。

치호-노 고꾸리쯔다이가꾸니 가요이마시다

지방 국립대학을 다녔어요.

Check Point!

우리는 대학을 들어가기도 어려울 뿐만 아니라 취업경쟁으로 인해 대학생활도 매우 어려운 환경에 놓여 있습니다. 요즘 일본도 마찬가지이지만 일본의 대학은 들어가기는 어렵지만 졸업은 쉽다고들 합니다. 사실 어려운 입시경쟁을 뚫고 입학한 학생은 동아리 활동, 아르바이트, 각종 모임(단합대회, M·T 등), 여행과 대학생활을 즐깁니다.

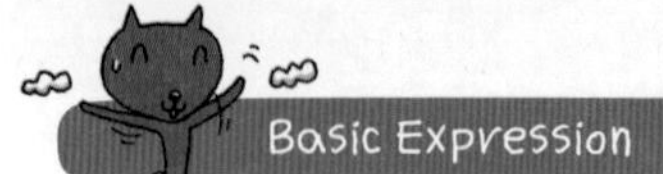

대학은 이미 졸업했어요.

だいがく　そつぎょう
大学はもう卒業しています。

다이가꾸와 모- 소쯔교-시떼 이마스

지금 대학에 다니고 있어요.

だいがく　い
いま、大学へ行っています。

이마, 다이가꾸에 잇떼 이마스

어느 대학을 다니고 있어요?

だいがく　い
どちらの大学に行っていますか。

도찌라노 다이가꾸니 잇떼 이마스까

어느 학교를 나왔어요?

がっこう　で
どちらの学校を出ましたか。

도찌라노 각꼬-오 데마시다까

어느 학교 출신이세요?

しゅっしんこう
出身校はどちらですか。

슛싱꼬-와 도찌라데스까

그녀는 사립대학 출신이에요.

かのじょ　しりつだいがく　しゅっしん
彼女は私立大学の出身です。

카노죠와 시리쯔 다이가꾸노 슛신데스

□□□

A: 당신은 어느 대학을 나왔어요?

B: 지방 국립대학을 다녔어요.

Unit

02 전공에 대해서

Mini Talk

A: 大学(だいがく)で何(なに)を専攻(せんこう)したのですか。

다이가꾸데 나니오 셍꼬-시따노데스까

대학에서 무엇을 전공했습니까?

B: 経済学(けいざいがく)です。

케-자이가꾸데스

경제학입니다.

Check Point!

일본의 대학들도 우리와 마찬가지로 크게 문과계와 이과계, 의치계와 예체능계로 구분되어 있습니다. 대부분의 전공은 대학입학 때 정해지지만 우리처럼 복수전공도 할 수 있습니다. 복수전공보다는 과목이수생이라는 표현을 자주 쓰며, 다만 일본의 경우는 순수 자신의 전공만 학위증을 받습니다. 물론 성적증명서에는 복수전공이 기재되어 있습니다.

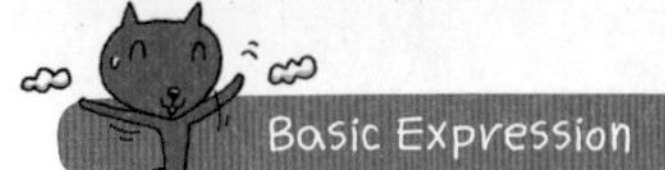

Basic Expression

대학에서의 전공은 무엇입니까?

だいがく　　せんこう　なん
大学での専攻は何ですか。

다이가꾸데노 센꼬-와 난데스까

무엇을 전공하셨습니까?

なに　せんこう
何を専攻なさいましたか。

나니오 센꼬- 나사이마시다까

대학에서는 무엇을 공부했습니까?

だいがく　　なに　べんきょう
大学では何を勉強しましたか。

다이가꾸데와 나니오 벵꾜- 시마시다까

학부에서 법학을 전공했습니다.

がくぶ　ほうがく　せんこう
学部で法学を専攻しました。

가꾸부데 호-가꾸오 셍꼬-시마시다

당신은 경제를 전공하고 있습니까?

けいざい　せんこう
あなたは経済を専攻していますか。

아나따와 케-자이오 셍꼬-시떼 이마스까

대학원에서는 언어학을 연구했습니다.

だいがくいん　　げんごがく　けんきゅう
大学院では言語学を研究しました。

다이가꾸인데와 겡고가꾸오 켕뀨-시마시다

02 대화 다시듣기

□ □ □

A: 대학에서 무엇을 전공했습니까?

B: 경제학입니다.

Unit 03 학년과 학교

Mini Talk

A: 今(いま)、通(かよ)っている学校(がっこう)はどうですか。

이마, 가욧떼 이루 각꼬-와 도-데스까

지금 다니고 있는 학교는 어때요?

B: いいですよ。キャンパスも広(ひろ)くて静(しず)かです。

이-데스요. 캼파스모 히로꾸떼 시즈까데스

좋아요.
캠퍼스도 넓고 조용해요.

Check Point!

대학교는 4월~7월말까지의 여름학기, 9월말이나 10월~1월말까지의 가을학기로 이루어져 있습니다. 우리보다 한 달씩 늦춰진다고 생각하면 됩니다. 여름방학과 겨울방학은 약 두 달 정도로 초중고등학교보다 길게 주어집니다. 또, 중간고사나 기말고사는 한 학기에 각각 한 번씩 보는 것이 일반적이고, 간혹 학교에 따라서 기말고사만 보기도 합니다.

학생이세요?

学生(がくせい)さんですか。

각세-산데스까

당신은 몇 학년이세요?

あなたは何年生(なんねんせい)ですか。

아나따와 난넨세-데스까

학교는 집에서 그다지 멀지 않아요.

学校(がっこう)は家(いえ)からあまり遠(とお)くないです。

각꼬-와 이에까라 아마리 도-꾸나이데스

저 하얀 건물이 도서관인가요?

あの白(しろ)い建物(たてもの)が図書館(としょかん)ですか。

아노 시로이 다떼모노가 도쇼깐데스까

식당은 어디에 있어요?

食堂(しょくどう)はどこにありますか。

쇼꾸도-와 도꼬니 아리마스까

캠퍼스는 상당히 넓군요.

キャンパスはなかなか広(ひろ)いですね。

캼파스와 나까나까 히로이데스네

□□□

A: 지금 다니고 있는 학교는 어때요?

B: 좋아요. 캠퍼스도 넓고 조용해요.

Unit 04 등교

Mini Talk

A: まだ学校(がっこう)へ行(い)かないの?

마다 각꼬에 이까나이노

아직 학교에 안 가니?

B: 今日(きょう)は開校記念日(かいこうきねんび)ですよ。

쿄-와 카이꼬-키넴비데스요

오늘은 개교기념일이에요.

Check Point!

일본의 학교는 보통 8시에 등교하여 오후 3시에 하교를 합니다. 우리와는 다르게 부활동 문화가 활성화되어 있어서 하교 후에 방과후 활동하는 학생이 많이 있습니다. 또한 일본의 학교는 야자가 없습니다. 부활동을 하고 주로 집에 가는 정도입니다. 일부 극성맞은 부모님에 의해서 수도권에서는 사교육으로 새벽이 될 때까지 학원을 다니는 학생도 있지만요.

서둘지 않으면 지각해.

急(いそ)がないと、遅刻(ちこく)するよ。

이소가나이또, 치코꾸스루요

벌써 시간이 이렇게 됐네. 빨리 가야겠어.

もうこんな時間(じかん)だ。早(はや)く行(い)かなくっちゃ。

모- 곤나 지깐다. 하야꾸 이까나꿋쨔

빠뜨린 건 없니?

忘(わす)れ物(もの)はないの?

와스레모노와 나이노

뭔가 빠뜨린 것 같은 느낌이 들어요.

何(なに)か忘(わす)れ物(もの)したような気(き)がしますよ。

나니까 와스레모노시따 요-나 기가 시마스요

오늘 아침은 평소보다 늦어도 돼요.

今朝(けさ)はいつもより遅(おそ)くてもいいんですよ。

게사와 이쓰모요리 오소꾸떼모 이인데스요

나는 자전거로 통학하고 있어요.

わたしは自転車(じてんしゃ)で通学(つうがく)しています。

와따시와 지뗀샤데 쓰-가꾸시떼 이마스

□ □ □

A: 아직 학교에 안 가니?

B: 오늘은 개교기념일이에요.

Unit 05 학교생활

Mini Talk

A: 何（なん）のアルバイトをしているの?

난노 아루바이토오 시떼 이루노

무슨 아르바이트를 하고 있니?

B: 家庭教師（かていきょうし）だよ。

카떼--쿄-시다요

과외선생이야.

Check Point!

일본의 교육수준에 대단한 차이는 없지만 우리가 교육정책상으로는 조금 높은 교육수준을 요구합니다. 하지만 일본은 교육평준화가 이뤄지지 않아 명문사립과 국립, 현립 등의 학교와의 수준차가 우리보다 큽니다. 일본도 진학에 대해서는 열성적이지만 우리만큼 무조건 대학을 가고 적성을 찾는 분위기는 아닙니다.

무슨 동아리에 들었니?

何(なん)のクラブに入(はい)ってるの?

난노 쿠라부니 하잇떼루노

대학시절에 동아리 활동을 했어요?

大学時代(だいがくじだい)にクラブ活動(かつどう)をしましたか。

다이가꾸 지다이니 쿠라부 카쓰도-오 시마시다까

아르바이트는 하니?

アルバイトはしているの?

아루바이토와 시떼이루노

파트타임으로 일해요.

パートで働(はたら)いているんです。

파-토데 하따라이떼 이룬데스

학창시절, 해외여행을 한 적이 있어요?

学生時代(がくせいじだい)、海外旅行(かいがいりょこう)をしたことがありますか。

각세- 지다이, 카이가이료꼬-오 시따 고또가 아리마스까

지금부터 아르바이트야.

これからアルバイトなんだ。

고레까라 아루바이토난다

05 대화 다시듣기

A: 무슨 아르바이트를 하고 있니?

B: 과외선생이야.

□□□

Unit

06 수강 신청

A: 経済学(けいざいがく)の受講(じゅこう)を申(もう)し込(こ)むつもり?

케-자이가꾸노 쥬꼬-오 모-시꼬무 쓰모리

경제학 수강을 신청할거니?

B: まだ決(き)めていないよ。

마다 기메떼 이나이요

아직 못 정했어.

Check Point!

한국의 대학은 방학이 여름과 겨울 두 번인데 비해 일본의 대학은 여름방학(8월부터 10월초), 겨울방학(연말연시 2~3주 정도), 봄방학(2월 중순부터 4월초) 세 번입니다. 대학교의 정보화 인프라 측면에서는 우리가 훨씬 뛰어난 편입니다. 인터넷 수강신청, 성적확인 등은 인터넷으로 안 되며 직접 수기로 작성하여 수강싱청과 성적을 확인해야 합니다.

어느 과정을 수강하고 싶니?

かてい　じゅこう
どの課程を受講したいの?

도노 카떼-오 쥬꼬-시따이노

이번 학기에 몇 과목 수강신청을 했니?

こんがっき　なんかもく　じゅこうもう　こ
今学期に、何科目の受講申し込みをした?

콩각끼니, 낭카모꾸노 쥬꼬- 모-시꼬미오 시따

어느 강의를 받을지 아직 안 정했니?

こうぎ　う　き
どの講義を受けるかまだ決めてない?

도노 코-기오 우께루까 마다 기메떼 나이

이 강의는 상당히 재미있을 거 같아.

こうぎ
この講義はなかなかおもしろそうだね。

고노 코-기와 나까나까 오모시로소-다네

이 강의는 기어코 수강할 생각이야.

こうぎ　ぜったい　と
この講義は絶対、取るつもりだよ。

고노 코-기와 젯따이, 도루 쓰모리다요

언제 수강 과목을 바꿀 수 있나요?

じゅこうかもく　か
いつ、受講科目を変えることができますか。

이쯔, 쥬꼬- 카모꾸오 가에루 고또가 데끼마스까

□ □ □

A: 경제학 수강을 신청할거니?

B: 아직 못 정했어.

Unit 07
수업 진행

Mini Talk

A: では、今日(きょう)はここまで。

데와, 쿄-와 고꼬마데

그럼, 오늘은 여기까지.

B: ありがとうございました。

아리가또 고자이마시다

수고하셨습니다.

Check Point!

수업시간도 우리와 크게 다르지 않습니다. 수업시간이 되어 기다리면 선생님이 오셔서 出席を取ります라고 하며 출석을 부릅니다. 출석점검이 끝나면 さあ、授業を始めます라고 하며 본격적으로 수업이 진행되죠. 학생들이 칠판에 집중하도록 할 때는 黒板をよく見てください, 수업을 마칠 때는 今日はこれで終わりましょう라고 합니다.

여러분, 출석을 부르겠어요.

皆(みな)さん、出席(しゅっせき)を取(と)ります。

미나상, 슛세끼오 도리마스

자, 수업을 시작하겠어요.

さあ、授業(じゅぎょう)を始(はじ)めます。

사-, 쥬교-오 하지메마스

교과서를 펴세요.

教科書(きょうかしょ)を開(あ)けてください。

교-까쇼오 아케떼 구다사이

칠판을 잘 보세요.

黒板(こくばん)をよく見(み)てください。

고꾸방오 요꾸 미떼 구다사이

잠깐 쉬고 나서 시작하죠.

ちょっと休(やす)んでから始(はじ)めましょう。

춋또 야슨데까라 하지메마쇼-

오늘은 이만 마치겠어요.

今日(きょう)はこれで終(お)わりましょう。

쿄-와 고레데 오와리마쇼-

□ □ □

A: 그럼, 오늘은 여기까지.

B: 수고하셨습니다.

Unit 08 수업 시간

Mini Talk

A: 先生(せんせい)、質問(しつもん)があります。

센세-, 시쯔몽가 아리마스

선생님, 질문이 있습니다.

B: はい、何(なん)ですか。

하이, 난데스까

네, 뭐죠?

Check Point!

수업시간에 질문을 할 때는 先生、質問がありますㄹ라고 말합니다. 선생님은 질문이 마음에 들면 いい質問ですねㄹ러 말하죠. 수업시간에 설명을 하면서 학생들에게 잘 이해고 있는지 확인하기 위해 곧잘 皆さん、分かりますかㄹ라고 묻습니다. 선생님의 설명이 잘 이해가 되지 않을 때는 もう一度説明していただけませんかㄹ라고 말해보십시오.

여러분, 알겠어요?

皆(みな)さん、分(わ)かりますか。

미나상, 와까리마스까

다른 질문은 없나요?

ほかの質問(しつもん)はありませんか。

호까노 시쯔몽와 아리마셍까

좋은 질문이군요.

いい質問(しつもん)ですね。

이- 시쯔몬데스네

다시 한 번 설명해 주시겠어요.

もう一度(いちど)説明(せつめい)していただけませんか。

모- 이찌도 세쯔메-시떼 이따다께마셍까

누구 아는 사람 없나요?

だれか、わかる人(ひと)いませんか。

다레까, 와까루 히또 이마셍까

이것은 매우 중요해요.

これはとても重要(じゅうよう)ですよ。

고레와 도떼모 쥬-요-데스요

□ □ □

A: 선생님, 질문이 있습니다.

B: 네, 뭐죠?

학습일 /

Unit 09

시험과 성적

Mini Talk

A: 今度(こんど)の試験(しけん)はどうでしたか。

곤도노 시껭와 도-데시다까

이번 시험은 어땠어요?

B: なかなか難(むずか)しかったですよ。

나까나까 무즈까시캇따데스요

상당히 어려웠어요.

Check Point!

학교를 다니게 되면 졸업할 때까지 많은 시험을 치르기 때문에 시험공부(試験勉強)를 하지 않으면 안됩니다. 우리와 마찬가지로 크게는 중간고사(中間テスト)와 기말시험(期末試験) 등이 있습니다. 시험을 보다라고 말할 때는 試験を受ける, 성적이 좋다(나쁘다)라고 말할 때는 成績がいい(悪い)라고 말합니다. 학점을 따다는 単位を取る라고 합니다.

언제부터 기말시험이 시작됩니까?

いつから期末試験(きまつしけん)が始(はじ)まりますか。

이쓰까라 기마쯔 시껭가 하지마리마스까

시험에 나오는 범위는 어디입니까?

試験(しけん)に出(で)る範囲(はんい)はどこですか。

시껜니 데루 항이와 도꼬데스까

시험공부는 했나요?

試験勉強(しけんべんきょう)はしましたか。

시껨벵꾜-와 시마시다까

시험 결과는 어땠어요?

試験(しけん)の結果(けっか)はどうでしたか。

시껜노 겍까와 도-데시다까

이번 시험은 예상 이외로 쉬웠어요.

今度(こんど)の試験(しけん)は予想外(よそうがい)に易(やさ)しかったです。

곤도노 시껭와 요소-가이니 야사시캇따데스

제 학교 성적은 그저 그랬어요.

わたしの学校(がっこう)の成績(せいせき)はまあまあでした。

와따시노 각꼬-노 세-세끼와 마-마-데시다

□□□

A: 이번 시험은 어땠어요?

B: 상당히 어려웠어요.

학습일 /

Unit 10

학교행사

Mini Talk

A: 今度(こんど)の文化祭(ぶんかさい)のとき、何(なん)かする?

곤도노 붕까사이노 도끼, 낭까 스루

이번 문화제 때 뭔가 하니?

B: うん、クラスで芝居(しばい)をするんだ。

웅, 쿠라스데 시바이오 스룬다

응, 반에서 연극을 해.

Check Point!

일본의 학교도 1년동안 다양한 행사가 진행됩니다. 가장 큰 행사로는 입학식(入学式)과 졸업식(卒業式)이 있습니다. 드디어 신학기(新学期)가 시작되면 먼저 개교기념일(開校記念日)이 있습니다. 봄가을에는 문화제(文化祭)와 운동회(運動会)가 열리고 수학여행(修学旅行)도 있습니다. 대학의 경우는 대학축제(大学祭)라는 큰 행사도 있습니다.

Basic Expression

오늘은 딸 입학식입니다.

今日(きょう)はむすめの入学式(にゅうがくしき)です。

쿄-와 무스메노 뉴-가꾸시끼데스

이제 곧 신학기가 시작됩니다.

もうすぐ新学期(しんがっき)が始(はじ)まります。

모- 스구 싱각끼가 하지마리마스

매일 운동회 연습이야.

毎日(まいにち)、運動会(うんどうかい)の練習(れんしゅう)だよ。

마이니찌, 운도-까이노 렌슈-다요

수학여행은 즐거웠어.

修学旅行(しゅうがくりょこう)は楽(たの)しかったよ。

슈-가꾸료꼬-와 다노시캇따요

이제 곧 대학축제이군요.

もうすぐ大学祭(だいがくさい)ですね。

모- 스구 다이가꾸사이데스네

내일은 아들 졸업식이 있습니다.

あしたは息子(むすこ)の卒業式(そつぎょうしき)があります。

아시따와 무스꼬노 소쯔교-시끼가 아리마스

10 대화 다시듣기

□□□

A: 이번 문화제 때 뭘가 하니?

B: 응, 반에서 연극을 해.

앞에서 배운 대화 내용입니다. 빈 칸을 채워보세요. 기억이 잘 안 난다고요? 녹음이 있잖아요. 녹음을 듣고 써보세요 . 정답은 각 유닛에서 확인하세요.

01 출신학교

A: あなたは＿＿＿＿＿＿＿＿＿＿＿＿＿＿＿。
B: 地方の国立大学に通いました。

당신은 어느 대학을 나왔어요?
지방 국립대학을 다녔어요.

02 전공에 대해서

A: 大学で＿＿＿＿＿＿＿＿＿＿＿＿＿＿＿。
B: 経済学です。

A : 대학에서 무엇을 전공했습니까?
B : 경제학입니다.

03 학년과 학교

A: 今、通っている＿＿＿＿＿＿＿＿＿＿＿＿。
B: いいですよ。キャンパスも広くて静かです。

지금 다니고 있는 학교는 어때요?
좋아요. 캠퍼스도 넓고 조용해요.

04 등교

A: ＿＿＿＿＿＿＿＿＿＿＿＿＿＿＿＿＿？
B: 今日は開校記念日ですよ。

아직 학교에 안 가니?
오늘은 개교기념일이에요.

05 학교생활

A: ＿＿＿＿＿＿＿＿＿＿＿＿＿＿＿＿＿＿＿？
B: 家庭教師だよ。

무슨 아르바이트를 하고 있니?
과외선생이야.

06 수강 신청

A: 経済学の受講を申し込むつもり?

B: ________________。

경제학 수강을 신청할거니?
아직 못 정했어.

07 수업 진행

A: では、________________。

B: ありがとうございました。

그럼, 오늘은 여기까지.
수고하셨습니다.

08 수업 시간

A: 先生、________________。

B: はい、何ですか。

선생님, 질문이 있습니다.
네, 뭐죠?

09 시험과 성적

A: 今度の________________。

B: なかなか難しかったですよ。

이번 시험은 어땠어요?
상당히 어려웠어요.

10 학교행사

A: 今度の文化祭のとき、何かする?

B: うん、________________。

이번 문화제 때 뭔가 하니?
응, 반에서 연극을 해.

グッジョブ

EVERYDAY

Part 04

일본어

학습일 /

Unit

01 출퇴근

Mini Talk

A: どうして遅(おく)れたんだい。

도-시떼 오꾸레딴다이

왜 늦었나?

B: 5分(ふん)遅(おく)れただけです。

고훙 오꾸레따다께데스

5분 늦었을 뿐입니다.

Check Point!

아침에 만났을 때 인사를 나누는 것은 당연한 이야기지만 출근하면 おはようございます!하고 큰소리로 반갑게 인사를 합니다. 일본인은 인사로 사람을 판단할 정도로 인사를 무엇보다 중요하게 생각합니다. 그리고 아침 출근은 늦어도 10분전까지는 자리에 앉도록 해야 합니다. 물론 정각 9시에 도착해도 지각은 아니지만...

또 지각이군요.

また遅刻(ちこく)ですね。

마따 치코꾸데스네

타임카드는 찍었어요?

タイムカードは押(お)しましたか。

타이무카-도와 오시마시다까

오늘 일은 몇 시에 끝나요?

今日(きょう)の仕事(しごと)は何時(なんじ)に終(お)わりますか。

쿄-노 시고또와 난지니 오와리마스까

이제 끝냅시다.

もう終(おわ)りにしましょう。

모- 오와리니 시마쇼-

수고하셨습니다. 내일 봐요!

お疲(つか)れさまでした。また明日(あした)!

오쓰까레사마데시다. 마따 아시따

먼저 실례하겠습니다.

では、お先(さき)に失礼(しつれい)します。

데와, 오사끼니 시쯔레-시마스

□ □ □

A: 왜 늦었나?

B: 5분 늦었을 뿐입니다.

학습일 /

Unit

02 직장에 대해서

Mini Talk

A: あなたはどの会社(かいしゃ)に勤(つと)めていますか。

아나따와 도노 카이샤니 쓰또메떼 이마스까

당신은 어느 회사에 근무합니까?

B: わたしは貿易会社(ぼうえきがいしゃ)で働(はたら)いています。

와따시와 보-에끼가이샤데 하따라이떼 이마스

저는 무역회사에서
일하고 있습니다.

Check Point!

소규모의 직장의 별개이지만, 일본의 기업문화에 있어서 대부분의 회사들은 회사에 공로가 있던, 대충 일을 하던 종신고용제도가 있어서, 요즘은 무너지는 추세이지만, 중간에 해고시키는 경우가 거의 없습니다. 어느 회사에 근무하고 있다고 말할 때는 ~に勤めています라고 하며, 회사에서 맡아서 하는 일을 말할 때는 ~をやっています라고 표현하면 됩니다.

Basic Expression

당신은 회사원입니까?

かいしゃいん
あなたは会社員ですか。

아나따와 카이샤인데스까

어느 회사에 근무합니까?

かいしゃ つと
どの会社に勤めていますか。

도노 카이샤니 쓰또메떼 이마스까

어느 부서입니까?

ぶしょ
部署はどこですか。

부쇼와 도꼬데스까

저는 이 회사에서 영업을 하고 있습니다.

かいしゃ えいぎょう
わたしはこの会社で営業をやっています。

와따시와 고노 카이샤데 에-교-오 얏떼 이마스

회사는 어디에 있습니까?

かいしゃ
会社はどこにあるんですか。

카이샤와 도꼬니 아룬데스까

정년은 언제입니까?

ていねん
定年はいつですか。

테-넹와 이쯔데스까

02 대화 다시듣기

A: 당신은 어느 회사에 근무합니까?

B: 저는 무역회사에서 일하고 있습니다.

□ □ □

학습일 ／ □

Unit 03

업무를 볼 때

Mini Talk

A: 時間(じかん)がどれくらいかかりましたか。

지깡가 도레쿠라이 가까리마시다까

시간이 어느 정도 걸렸어요?

B: 計画(けいかく)した日(ひ)にちより、二倍以上(にばいいじょう)もかかりました。

케-카꾸시따 히니찌요리, 니바이 이죠-모 가까리마시다

계획한 날짜보다 두 배 이상이나 걸렸어요.

Check Point!

평균적으로는 아침8시에서 밤10시에 퇴근하지만, 밤 11시까지 일하는 직장인이 많습니다. 출퇴근도 왕복 2시간 정도 걸리는 사람들도 많으므로 이런 점을 고려하면 사실상 회사에서 산다고 볼 수 있습니다. 퇴근하고 자기계발하거나 취미활동도 좀 하고 그런 삶을 살아야하는데 대부분의 직장인들은 회사에 얽매여 사는 것 같습니다.

Basic Expression

지금 무얼 하고 계신가요?

いま　なに
今、何をしていらっしゃいますか。

이마, 나니오 시떼 이랏샤이마스까

당신이 해줘야 할 일이 있어요.

しごと
あなたにやってもらいたい仕事があります。

아나따니 얏떼 모라이따이 시고또가 아리마스

일이 산더미처럼 쌓여 있어요.

しごと　やまづ
仕事が山積みです。

시고또가 야마즈미데스

그 일은 지금 하고 있는 중이에요.

しごと　いま
その仕事は、今しているところです。

소노 시고또와, 이마 시떼 이루 도꼬로데스

일이 끝나려면 아직 멀었어요.

しごと　お
仕事が終わるまでは、まだまだです。

시고또가 오와루마데와, 마다마다데스

이 일을 빨리 끝냅시다.

しごと　はや　す
この仕事を早く済ませましょう。

고노 시고또오 하야꾸 스마세마쇼-

03 대화 다시듣기

☐☐☐

A: 시간이 어느 정도 걸렸어요?

B: 계획한 날짜보다 두 배 이상이나 걸렸어요.

Unit

04 사무기기

Mini Talk

A: この書類(しょるい)をコピーしてください。

고노 쇼루이오 코피-시떼 구다사이

이 서류를 복사해 주세요.

B: はい、何部(なんぶ)をコピーしましょうか。

하이, 남부오 코피-시마쇼-까

네, 몇 부를 복사할까요?

Check Point!

일본인이 직장에 대한 불만에는 일본 특유의 종신고용, 연공서열 이외에 신입사원을 채용할 때 総合職(そうごうしょく)라는 제도가 있기 때문입니다. 이것은 일본 기업에서는 프로보다는 아무 일이나 시키면 잘 할 수 있는 일꾼을 원하기 때문에 자신이 원하는 직종이 아니라 채용 후에 어느 부서에 배치될 줄 모릅니다.

뭐 필요한 것은 없나요?

なに　ひつよう
何か必要なものはありませんか。

나니까 히쯔요-나 모노와 아리마셍까

오늘 복사용지를 주문했어요.

きょう　　　　ようし　ちゅうもん
今日、コピー用紙を注文しました。

쿄-, 코피-요-시오 츄-몬시마시다

토너가 떨어지면 교환해 주세요.

こうかん
トナーがなくなったら、交換してください。

토나-가 나꾸낫따라, 코-깐시떼 구다사이

양면테이프를 안 갖고 있나요?

りょうめん　　　も
両面テープを持っていませんか。

료-멘 테-푸오 못떼 이마셍까

잠깐 호치키스를 빌려 주세요.

か
ちょっと、ホチキスを貸してください。

촛또, 호치키스오 가시떼 구다사이

누구 고무밴드 안 가지고 있나요?

わ　　　も
だれか輪ゴムを持っていませんか。

다레까 와고무오 못떼 이마셍까

A: 이 서류를 복사해 주세요.

B: 네, 몇 부를 복사할까요?

□ □ □

학습일 ／ □

Unit
05 팩스와 컴퓨터

Mini Talk

A: ファックスが来(き)ていますよ。

확쿠스가 기떼 이마스요

팩스가 와 있어요.

B: どこからファックスが来(き)ましたか。

도꼬까라 확꾸스가 기마시다까

어디서 팩스가 왔어요?

Check Point!

우리은 회사에서 개인적으로 일을 컴퓨터로 많이 쓰는 편이지만, 일본의 회사에서는 컴퓨터를 개인적인 카톡이나 업무에 이용하는 것을 금하는 편입니다. 또 일본사람들은 업무시간에 스마트폰도 그다지 이용하지 않는 편입니다. 친구들과 문자나 카독 등을 하며 스마트폰을 자꾸 만지면 놀고 있다는 오해를 받을 수 있기 때문입니다.

지금 팩스로 보내 주세요.

今(いま)、ファックスで送(おく)ってください。

이마, 확쿠스데 오쿳떼 구다사이

견적서를 팩스로 보내겠습니다.

見積書(みつもりしょ)をファックスで送(おく)ります。

미쓰모리쇼오 확쿠스데 오꾸리마스

팩스번호를 알려 주세요.

ファックス番号(ばんごう)を教(おし)えてください。

확쿠스 방고-오 오시에떼 구다사이

보고서 파일명은 뭐죠?

報告書(ほうこくしょ)のファイル名(めい)は何(なん)ですか。

호-코꾸쇼노 화이루메-와 난데스까

컴퓨터가 다운됐어요.

コンピューターがフリーズしましたよ。

콤퓨-타-가 후리-즈시마시따요

바이러스 체크를 해 봤어요?

ウイルスチェックしてみましたか。

우이루스 첵꾸시떼 미마시다까

□□□

A: 팩스가 와 있어요.

B: 어디서 팩스가 왔어요?

Unit 06 인터넷과 이메일

Mini Talk

A: 今(いま)、メールでお送(おく)りします。

이마, 메-루데 오오꾸리시마스

지금 메일로 보내드리겠습니다.

B: こちらのメールアドレスはご存(ぞん)じですか。

고찌라노 메-루아도레스와 고존지데스까

저희 이메일 주소는 아십니까?

Check Point!

요즘은 인터넷의 발달로 필요한 자료를 쉽게 검색할 수 있습니다. 또한 팩스를 이용하기보다는 간편하게 이메일(メール)을 주로 이용합니다. 상대의 이메일 주소를 물어볼 때는 メールアドレスを教えてください라고 확인합니다. 필요한 내용을 이메일로 보내달라고 할 때는 ~をメールで送ってください라고 상대방에게 요구하면 됩니다.

Basic Expression

이번에 홈페이지를 갱신했어요.

今度(こんど)、ホームページを更新(こうしん)しましたよ。

곤도, 호-무페-지오 고-신시마시따요

이 사이트는 상당히 재밌군요.

このサイトはなかなかおもしろいですね。

고노 사이토와 나까나까 오모시로이데스네

이건 인터넷으로 찾아볼게요.

これはインターネットで調(しら)べてみますよ。

고레와 인타-넷토데 시라베떼 미마스요

이메일 주소를 가르쳐 주세요.

メールアドレスを教(おし)えてください。

메-루 아도레스오 오시에떼 구다사이

서류를 메일로 보내 주세요.

書類(しょるい)をメールで送(おく)ってください。

쇼루이오 메-루데 오큇떼 구다사이

스팸메일이 늘어나 큰일이에요.

迷惑(めいわく)メールが増(ふ)えて困(こま)っているんです。

메-와꾸메-루가 후에떼 고맛떼 이룬데스

A: 지금 메일로 보내드리겠습니다.

B: 저희 이메일 주소는 아십니까?

☐☐☐

학습일 ／ □

Unit 07

회의와 프리젠테이션

Mini Talk

A: 会議(かいぎ)はどれくらいで終(お)わりますか。

카이기와 도레쿠라이데 오와리마스까

회의는 어느 정도면 끝납니까?

B: 今日(きょう)の会議(かいぎ)は長引(ながび)くかもしれません。

쿄-노 카이기와 나가비꾸까모 시레마셍

오늘의 회의는 길어질지도 몰라요.

Check Point!

회의란 여러 사람이 같은 목적을 놓고 의견을 교환하여 하나의 결론을 얻는 것입니다. 직장에서의 회의는 업무 방향을 설정하고 이를 보다 원활히 수행하며, 그 과정을 점검하는 데 의의가 있습니다. 따라서 모두가 바쁘게 일하기 때문에 이런 귀중한 시간을 효율적이고 생산적인 회의가 되도록 사전에 충분한 준비와 배려가 필요합니다.

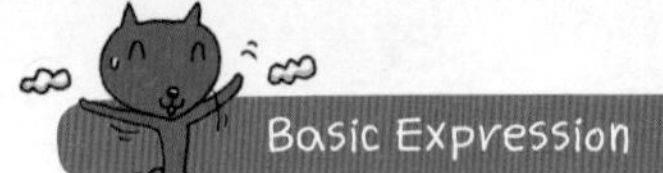

오후 회의는 어디서 있나요?

午後(ごご)の会議(かいぎ)はどこであるんですか。

고고노 카이기와 도꼬데 아룬데스까

회의는 몇 시부터인가요?

会議(かいぎ)は何時(なんじ)からですか。

카이기와 난지까라데스까

이번 회의는 참석할 수 없어요.

今回(こんかい)の会議(かいぎ)には出(で)られません。

공까이노 카이기니와 데라레마셍

그 밖에 다른 의견은 없나요?

ほかに何(なに)か意見(いけん)はありませんか。

호까니 나니까 이껭와 아리마셍까

프레젠테이션은 언제인가요?

プレゼンテーションはいつですか。

푸레젠테-숑와 이쯔데스까

프레젠테이션 반응은 어땠나요?

プレゼンテーションの反応(はんのう)はどうでしたか。

푸레젠테-숀노 한노-와 도-데시다까

□□□

A: 회의는 어느 정도면 끝납니까?

B: 오늘의 회의는 길어질지도 몰라요.

Unit

08 회사생활

Mini Talk

A: 課長(かちょう)に相談(そうだん)したいことがあるんですが。

가쬬-니 소-단시따이 고또가 아룬데스가

과장님께 의논드릴 게 있는데요.

B: どんな話(はなし)なんだい。

돈나 하나시난다이

무슨 일인가?

Check Point!

요즘 일본에서는 자녀의 학교행사나 가족들에게 일어나는 갑작스런 사건·사고 등에 직원들이 유연하게 대응할 수 있도록 유급휴가를 한 시간 단위로 사용할 수 있는 제도를 도입하는 기업이 늘어나고 있습니다. 또한 회사마다 연차는 약간 다르지만 우리와 비슷한 편입니다. 입사하여 6개월이 지나면 연차를 10일 줍니다.

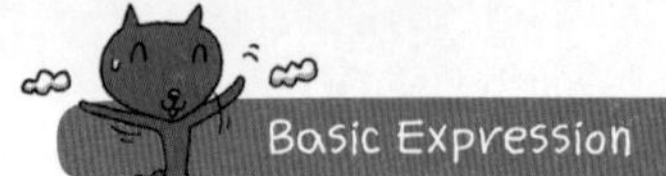

Basic Expression

다음주부터 1주일간 휴가를 내고 싶습니다.

らいしゅう　いっしゅうかん　きゅうか
来週から一週間の休暇をとりたいのです。

라이슈-까라 잇슈-깐노 큐-까오 도리따이노데스

언제 월급을 올려 주시겠습니까?

げっきゅう　あ
いつ月給を上げていただけますか。

이쯔 겍뀨오 아게떼 이따다께마스까

승진을 축하드립니다.

しょうしん
ご昇進、おめでとうございます。

고쇼-싱, 오메데또- 고자이마스

올해는 보너스도 안 나올 것 같아요.

ことし　で
今年は、ボーナスも出ないようですよ。

고또시와, 보-나스모 데나이요-데스요

부장님은 정년을 안 기다리고 명퇴했습니다.

ぶちょう　ていねん　ま　ゆうたい
部長は定年を待たずして勇退しました。

부쬬-와 테-넹오 마따즈시떼 유-따이시마시다

퇴근시간이에요. 일을 정리합시다.

たいしゃじかん　しごと　かたづ
退社時間ですよ。仕事を片付けましょう。

타이샤 지깐데스요. 시고또오 카따즈께마쇼-

□□□

A: 과장님께 의논드릴 게 있는데요.

B: 무슨 일인가?

학습일 / ☐

Unit

09 회사방문 약속

Mini Talk

A: お時間(じかん)があれば、お会(あ)いしたいのですが。

오지깡가 아레바, 오아이시따이노데스가

시간이 있으면, 뵙고 싶은데요.

B: 午後(ごご)3時(じ)はいかがでしょうか。

고고 산지와 이까가데쇼-까

오후 3시는 어떠세요?

Check Point!

비즈니스로 일본 회사를 방문할 때는 미리 あした、お伺いしたいのですが라고 약속을 해야 합니다. 방문 허락을 받으면 시간을 정해야 하며 미팅 시간은 반드시 지켜야 합니다. 예를 들어 10시에 딱 맞춰서 가기보다는 9시 50분까지 방문하려는 회사의 접수창구에 도착하여 미팅룸으로 안내를 받는 것이 상식으로 되어 있습니다.

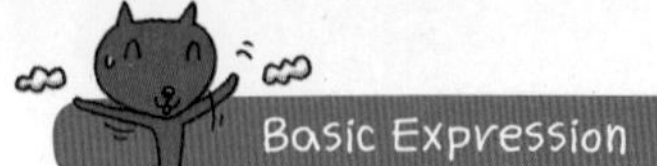

Basic Expression

내일 찾아뵙고 싶은데요.

あした、お伺(うかが)いしたいのですが。

아시따, 오우까가이 시따이노데스가

지금 찾아봬도 될까요?

これからお伺(うかが)いしてもいいですか。

고레까라 오우까가이시떼모 이-데스까

제가 그쪽으로 갈까요?

わたしがそちらに参(まい)りましょうか。

와따시가 소찌라니 마이리마쇼-까

우리 사무실까지 와 주시겠습니까?

わたしのオフィスまで来(き)ていただけますか。

와따시노 오휘스마데 기떼 이따다께마스까

언제 가면 가장 좋을까요?

いつ行(い)けばいちばんいいのでしょうか。

이쯔 이께바 이찌방 이-노데쇼-까

그 날은 스케줄이 잡혀 있습니다.

その日(ひ)はスケジュールが入(はい)っています。

소노 히와 스케쥬-루가 하잇떼 이마스

09 대화 다시듣기

☐ ☐ ☐

A: 시간이 있으면, 뵙고 싶은데요.

B: 오후 3시는 어떠세요?

Unit 10

회사방문

Mini Talk

A: お約束(やくそく)ですか。

오약소꾸데스까

약속은 하셨습니까?

B: いいえ。でも田中(たなか)さんにお会(あ)いしたいのですが。

이-에. 데모 다나까산니 오아이시따이노데스가

아니오. 하지만 다나카 씨를 만나고 싶은데요.

Check Point!

방문 회사에 도착하면 안내데스크에 가서 약속한 사람의 신분을 밝히고 만나고자 하는 사람의 부서와 이름을 말하고 대기하다가 안내를 받으면 됩니다. 명함을 주고받을 때는 고객사에게 먼저 명함을 주고 나중에 받습니다. 테이블에 앉으면 명함을 테이블에 올려놓고 이름과 인상을 기억해둡니다. 받은 명함에 메모를 해서는 안 됩니다.

Basic Expression

요시무라 씨를 뵙고 싶은데요.

吉村(よしむら)さんにお会(あ)いしたいのですが。

요시무라산니 오아이시따이노데스가

영업부 다나카 씨는 계십니까?

営業部(えいぎょうぶ)の田中(たなか)さんはいらっしゃいますか。

에-교-부노 타나까상와 이랏샤이마스까

무슨 용건이십니까?

何(なん)のご用件(ようけん)ですか。

난노 고요-껜데스까

자, 여기에 앉으십시오.

どうぞ、ここにお座(すわ)りください。

도-조, 고꼬니 오스와리 쿠다사이

기다리게 해서 죄송합니다.

お待(ま)たせしてすみません。

오마따세시떼 스미마셍

이건 제 명함입니다.

これはわたしの名刺(めいし)です。

고레와 와따시노 메-시데스

☐☐☐

A: 약속은 하셨습니까?

B: 아니오. 하지만 다나카 씨를 만나고 싶은데요.

앞에서 배운 대화 내용입니다. 빈 칸을 채워보세요. 기억이 잘 안 난다고요? 녹음이 있잖아요. 녹음을 듣고 써보세요 . 정답은 각 유닛에서 확인하세요.

01 출퇴근

A: どうして遅れたんだい。

B: ______________________________。

왜 늦었나?
5분 늦었을 뿐입니다.

02 직장에 대해서

A: あなたはどの会社に勤めていすか。

B: わたしは______________________________。

당신은 어느 회사에 근무합니까?
저는 무역회사에서 일하고 있습니다.

03 업무를 볼 때

A: 時間が______________________________。

B: 計画した日にちより、二倍以上もかかりました。

시간이 어느 정도 걸렸어요?
계획한 날짜보다 두 배 이상이나 걸렸어요.

04 사무기기

A: この書類を______________________________。

B: はい、何部をコピーしましょうか。

이 서류를 복사해 주세요.
네, 몇 부를 복사할까요?

05 팩스와 컴퓨터

A: ______________________________。

B: どこからファックスが来ましたか。

팩스가 와 있어요.
어디서 팩스가 왔어요?

06 인터넷과 이메일

A: 今、＿＿＿＿＿＿＿＿＿＿＿＿＿＿＿＿。
B: こちらのメールアドレスはご存じですか。

지금 메일로 보내드리겠습니다.
저희 이메일 주소는 아십니까?

07 회의와 프리젠테이션

A: 会議は＿＿＿＿＿＿＿＿＿＿＿＿＿＿＿＿。
B: 今日の会議は長引くかもしれません。

회의는 어느 정도면 끝납니까?
오늘의 회의는 길어질지도 몰라요.

08 회사생활

A: 課長に＿＿＿＿＿＿＿＿＿＿＿＿＿＿＿＿。
B: どんな話なんだい。

과장님께 의논드릴 게 있는데요.
무슨 일인가?

09 회사방문 약속

A: お時間があれば、＿＿＿＿＿＿＿＿＿＿＿＿。
B: 午後3時はいかがでしょうか。

시간이 있으면, 뵙고 싶은데요.
오후 3시는 어떠세요?

グッジョブ

10 회사방문

A: ＿＿＿＿＿＿＿＿＿＿＿＿。
B: いいえ。でも田中さんにお会いしたいのですが。

약속은 하셨습니까?
아니오. 하지만 다나카 씨를 만나고 싶은데요.

EVERYDAY

Part 05

일본어

학습일 /

Unit 01 길을 묻거나 알려줄 때

Mini Talk

A: わたしは、この地図(ちず)のどこにいるのですか。

와따시와, 고노 치즈노 도꼬니 이루노데스까

저는 이 지도의 어디에 있죠?

B: いま、ここにいるのです。

이마, 고꼬니 이루노데스

지금 여기에 있습니다.

Check Point!

현지 여행을 할 때 길을 잘 모르기 때문에 헤메는 경우가 종종 있습니다. 요즘은 스마트폰으로 목적지를 찾아서 가는 경우가 많지만 그래도 현지인의 도움이 필요할 때가 있습니다. 일본인 여행객이 길을 물어올 때는 당황하지 말고 다음 표현을 잘 익혀두어 자신 있게 대처하도록 합시다. 만약 길을 알고 있으면 거기까지 데리고 가는 것이 가장 확실한 방법입니다.

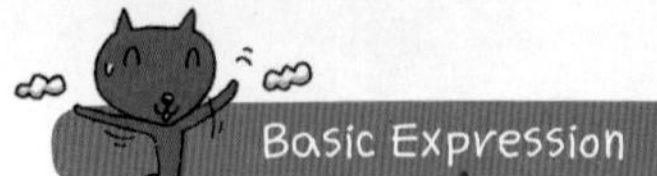

길을 잃었는데요.

道(みち)に迷(まよ)ったんですが。

미찌니 마욧딴데스가

여기는 어디죠?

ここはどこですか。

고꼬와 도꼬데스까

저는 이 지도 어디에 있죠?

わたしは、この地図(ちず)のどこにいるのですか。

와따시와, 고노 치즈노 도꼬니 이루노데스까

역은 어떻게 가면 좋을까요?

駅(えき)へはどう行(い)ったらいいですか。

에끼에와 도- 잇따라 이-데스까

미안합니다. 잘 모르겠어요.

すみません。よくわかりません。

스미마셍. 요꾸 와까리마셍

저도 여기는 처음이에요.

わたしもここははじめてです。

와따시모 고꼬와 하지메떼데스

01 대화 다시듣기

□□□

A: 저는 이 지도의 어디에 있죠?

B: 지금 여기에 있습니다.

Unit 02 택시를 탈 때

Mini Talk

A: タクシーを呼(よ)んでもらえますか。

타쿠시-오 욘데 모라에마스까

택시를 불러 주시겠어요?

B: 少(すこ)し時間(じかん)がかかりますよ。

스꼬시 지깡가 가까리마스요

시간이 좀 걸립니다.

Check Point!

표시등에 빨간색 글자로 空車라고 쓰여 있는 택시는 탈 수 있으며, 왼쪽 뒷문을 자동으로 열어주면 승차합니다. 운전기사에게 행선지를 ~までお願いします(~까지 가주세요)라고 기사에게 말하고, 목적지를 잘 모를 때는 주소를 보이며 この住所までお願いします(이 주소로 가주세요)라고 말한 다음 내릴 때 요금을 지불하면 됩니다. 물론 신용카드 지불도 가능합니다.

택시를 불러 주세요.

タクシーを呼(よ)んでください。

타꾸시-오 욘데 구다사이

택시승강장은 어디에 있어요?

タクシー乗(の)り場(ば)はどこですか。

타꾸시-노리바와 도꼬데스까

트렁크를 열어 주세요.

トランクを開(あ)けてください。

토랑쿠오 아케떼 구다사이

이리 가 주세요.

ここへ行(い)ってください。

고꼬에 잇떼 구다사이

공항까지 가 주세요.

空港(くうこう)までお願(ねが)いします。

쿠-꼬-마데 오네가이 시마스

여기서 세워 주세요.

ここで止(と)めてください。

고꼬데 도메떼 구다사이

□ □ □

A: 택시를 불러 주시겠어요?

B: 시간이 좀 걸립니다.

Unit

03 버스를 탈 때

Mini Talk

A: バスの運賃(うんちん)はいくらですか。

바스노 운찡와 이꾸라데스까

버스 요금은 얼마죠?

B: 300円(えん)です。

삼뱌꾸엔데스

300엔입니다.

Check Point!

일본의 버스 요금은 전 노선이 균일한 데도 있고, 거리에 따라서 요금이 가산되는 곳도 있습니다. 요즘은 전자식 IC카드를 이용 가능하며, 탑승구 오른쪽에 장착된 단말기에 터치한 후 내릴 때 운전사 옆에 장착된 단말기를 터치하면 자동으로 요금이 정산되므로, 이동 거리에 따라 요금이 달라지는 일본에서는 현금보다는 카드를 사용하는 것이 편리합니다.

버스정류장은 어디에 있어요?

バス停(てい)はどこにありますか。

바스떼-와 도꼬니 아리마스까

여기 버스정류장에서 내리면 돼요?

ここのバス停(てい)で降(お)りればいいですか。

고꼬노 바스떼-데 오리레바 이-데스까

이 버스는 공원까지 가나요?

このバスは公園(こうえん)まで行(い)きますか。

고노 바스와 코-엠마데 이끼마스까

저기요. 이 자리는 비어 있어요?

すみません、この席(せき)は空(あ)いていますか。

스미마셍, 고노 세끼와 아이떼 이마스까

여기요, 내릴게요.

すみません、降(お)ります。

스미마셍, 오리마스

버스터미널은 어디에 있어요?

バスターミナルはどこにありますか。

바스 타-미나루와 도꼬니 아리마스까

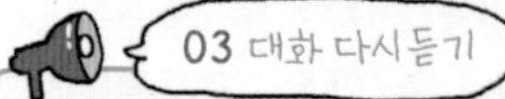

□□□

A: 버스 요금은 얼마죠?

B: 300엔입니다.

Unit 04 전철·지하철을 탈 때

Mini Talk

A: この電車(でんしゃ)に乗(の)ればいいのですか。

고노 덴샤니 노레바 이-노데스까

이 전철을 타면 되죠?

B: いいえ、JRに乗(の)ってください。

이-에, 제이아루니 놋떼 구다사이

아뇨, JR을 타세요.

Check Point!

교통수단을 이용할 때는 우선 노선도를 구하도록 합시다. 전철이나 지하철 노선도는 어느 역에서나 무료로 얻을 수가 있습니다. 전철이나 지하철을 탈 경우에는 먼저 표를 자동판매기로 구입합니다. 보통 판매기 위쪽에 노선도가 걸려 있기 때문에 역의 이름과 요금을 알 수 있습니다. 목적지까지의 표를 구입한 다음에 개찰구 통과하여 탑승하면 됩니다.

Basic Expression

가장 가까운 역은 어디인가요?

えき
もよりの駅はどこですか。

모요리노 에끼와 도꼬데스까

지하철의 노선도는 없나요?

ちかてつ　ろせんず
地下鉄の路線図はありませんか。

치카테쯔노 로센즈와 아리마셍까

이 전철을 타면 되나요?

でんしゃ　の
この電車に乗ればいいですか。

도노 덴샤니 노레바 이-노데스까

이 역은 급행전철이 서나요?

えき　きゅうこうでんしゃ　と
この駅は急行電車は止まりますか。

고노 에끼와 큐-꼬-덴샤와 도마리마스까

마지막 전철은 몇 시인가요?

しゅうでん　なんじ
終電は何時ですか。

슈-뎅와 난지데스까

어디서 갈아타나요?

えき　の　か
どの駅で乗り換えるのですか。

도노 에끼데 노리까에루노데스까

04 대화 다시듣기

☐☐☐

A: 이 전철을 타면 되죠?

B: 아뇨, JR을 타세요.

Unit 05 열차를 탈 때

Mini Talk

A: すみません、切符(きっぷ)売(う)り場(ば)はどこですか。

스미마셍, 깁뿌우리바와 도꼬데스까

미안합니다, 매표소는 어디에 있어요?

B: この通路(つうろ)にそって行(い)くと右(みぎ)にあります。

고노 쓰-로니 솟떼 이꾸또 미기니 아리마스

이 통로를 따라가면
오른쪽에 있어요.

Check Point!

일본의 철도는 시간이 정확한 것과 안전성이 높기로 유명합니다. 최대 규모의 JR(일본철도) 그룹은 일본 전역에 그물망같은 노선망을 정비하고 있습니다. 열차표의 요금은 거리에 따라 다르며, 특급, 급행 등의 운행 형태나 좌석 형태에 따라서도 추가요금이 별도로 필요합니다. 열차표는 역 구내의 창구(みどりの窓口)나 각 역에 설치된 자동판매기에서 구입이 가능합니다.

Basic Expression

매표소는 어디에 있어요?

切符(きっぷ)売(う)り場(ば)はどこですか。

깁뿌우리바와 도꼬데스까

도쿄까지 편도를 주세요.

東京(とうきょう)までの片道切符(かたみちきっぷ)をください。

토-꾜-마데노 카따미찌 깁뿌오 구다사이

더 이른 열차는 없어요?

もっと早(はや)い列車(れっしゃ)はありませんか。

못또 하야이 렛샤와 아리마셍까

이건 교토행인가요?

これは京都(きょうと)行(ゆ)きですか。

고레와 쿄-또유끼데스까

중간에 내릴 수 있어요?

途中(とちゅう)で下車(げしゃ)はできますか。

도쮸-데 게샤와 데끼마스까

열차를 놓치고 말았어요.

列車(れっしゃ)に乗(の)り遅(おく)れてしまいました。

렛샤니 노리오꾸레떼 시마이마시다

05 대화 다시듣기

□ □ □

A: 미안합니다, 매표소는 어디에 있어요?

B: 이 통로를 따라가면 오른쪽에 있어요.

Unit

06 비행기를 탈 때

Mini Talk

A: 出発時刻(しゅっぱつじこく)を確認(かくにん)したいのですが。

숍빠쯔 지코꾸오 카꾸닌시따이노데스가

출발시각을 확인하고 싶은데요.

B: お名前(なまえ)と便名(びんめい)をどうぞ。

오나마에또 빔메-오 도-조

성함과 편명을 말씀하십시오.

Check Point!

일본은 철도 노선이 발달되어 있기 때문에 일본 국내에서 이동은 비행기보다는 신칸센 등 철도를 이용하는 게 편리할 수도 있습니다. 하지만 일본항공(JAL), 전일공(ANA)을 비롯한 여러 항공사가 일본 전역에 걸쳐 광범위하게 노선을 운항하고 있습니다. 일정이 바쁜 여행자 혹은 신칸센이 운행되지 않는 지역으로 갈 때에는 국내선 이용이 편리합니다.

비행기 예약을 부탁할게요.

フライトの予約(よやく)をお願(ねが)いします。

후라이토노 요야꾸오 오네가이시마스

지금 체크인할 수 있어요?

今(いま)チェックインできますか。

이마 첵쿠인 데끼마스까

이 짐은 기내로 가져 갈 거예요.

この荷物(にもつ)は機内(きない)持(も)ちこみです。

고노 니모쯔와 기나이 모찌꼬미데스

이 짐을 맡길게요.

この荷物(にもつ)をあずけます。

고노 니모쯔오 아즈께마스

탑승은 시작되었어요?

搭乗(とうじょう)は始(はじ)まっていますか。

토-죠-와 하지맛떼 이마스까

몇 번 출구로 가면 되죠?

何番(なんばん)ゲートに行(い)けばいいのですか。

남방 게-토니 이께바 이-노데스까

□□□

A: 출발시각을 확인하고 싶은데요.

B: 성함과 편명을 말씀하십시오.

학습일 ／ □

Unit 07 렌터카

Mini Talk

A: <ruby>車種<rt>しゃしゅ</rt></ruby>は<ruby>何<rt>なに</rt></ruby>がいいですか。

샤슈와 나니가 이-데스까

차종은 뭐가 좋을까요?

B: <ruby>安<rt>やす</rt></ruby>くて<ruby>運転<rt>うんてん</rt></ruby>しやすい<ruby>車<rt>くるま</rt></ruby>がいいですね。

야스꾸떼 운뗀시야스이 구루마가 이-데스네

싸고 운전하기 쉬운 차가 좋겠군요.

Check Point!

일본은 도쿄나 오사카, 나고야 같은 대도시는 대중교통이 발달하여 차를 빌려 관광할 일은 많지 않지만, 대도시를 벗어나면 대중교통이 많이 불편합니다. 렌터카를 빌릴 때는 여권과 국제면허증이 필요합니다. 만일을 대비하여 보험도 잊지 말고 꼭 들어둡시다. 관광시즌에는 한국에서 출발하기 전에 미리 렌터카 회사에 예약을 해두는 게 좋습니다.

Basic Expression

렌터카를 빌리고 싶은데요.

レンタカーを借(か)りたいんですが。

렌타카-오 가리따인데스가

렌터카 목록을 보여 주세요.

レンタカーリストを見(み)せてください。

렌타카- 리스토오 미세떼 구다사이

차종은 뭐가 좋을까요?

車種(しゃしゅ)は何(なに)がいいですか。

샤슈와 나니가 이-데스까

요금은 어떻게 됩니까?

料金(りょうきん)はどうなっていますか。

료-낑와 도- 낫떼 이마스까

도로지도를 주시겠어요?

道路地図(どうろちず)をいただけますか。

도-로치즈오 이따다께마스까

운전면허증을 보여주시겠어요?

運転免許証(うんてんめんきょしょう)を見(み)せてくださいませんか。

운뗌멩꾜쇼-오 미세떼 구다사이마셍까

07 대화 다시 듣기

A: 차종은 뭐가 좋을까요?

B: 싸고 운전하기 쉬운 차가 좋겠군요.

□ □ □

학습일 ／ □

Unit 08

자동차를 운전할 때

Mini Talk

A: さあ、駅(えき)まで乗(の)せてあげますよ。

사-, 에끼마데 노세떼 아게마스

자, 역까지 태워드릴게요.

B: ええ、乗(の)せていただけると助(たす)かります。

에-, 노세떼 이따다께루또 다스까리마스

네, 태워주시면 도움이 되겠습니다.

Check Point!

주요 도로의 대부분은 일본어와 영어 표지판을 사용하며 지방의 소도시에서는 표지판이 많지 않은 경우가 있습니다. 주요 도시 이외의 지역에서 운전을 계획한다면 출발 전에 신뢰할 수 있는 지도 맵, 네비게이션을 준비하는 것이 좋습니다. 렌터카를 이용하고 싶은 경우는 사전에 예약하는 것이 좋으며, 참고로 일본에서는 차는 좌측통행이며 고속도로는 유료입니다.

여기에 주차해도 될까요?

ここに駐車(ちゅうしゃ)してもいいですか。

고꼬니 츄-샤시떼모 이-데스까

이 근처에 주유소가 있어요?

この近(ちか)くにガソリンスタンドはありますか。

고노 치카꾸니 가소린스탄도와 아리마스까

가득 넣어 주세요.

満(まん)タンにしてください。

만딴니 시떼 구다사이

타이어가 펑크 났어요.

タイヤがパンクしました。

타이야가 팡쿠시마시다

다음 휴게소에서 밥을 먹읍시다.

次(つぎ)のサービスエリアでご飯(はん)を食(た)べましょう。

쓰기노 사-비스에리아데 고항오 다베마쇼-

차를 반환할게요.

車(くるま)を返(かえ)します。

구루마오 가에시마스

□ □ □

A: 자, 역까지 태워드릴게요.

B: 네, 태워주시면 도움이 되겠습니다.

학습일 ／ □

Unit 09 교통사고가 났을 때

Mini Talk

A: 助けて！ 事故ですよ！

다스께떼! 지꼬데스요

도와줘요! 사고예요!

B: 大丈夫ですか。お怪我はありませんか。

다이죠-부데스까. 오케가와 아리마셍까

괜찮아요?
다친 데는 없나요?

Check Point!

사고는 일어나기 전에 미리 대비하고 예방하는 것이 가장 중요합니다. 만약 교통사고가 일어나면 먼저 경찰에게 알리고 보험회사, 렌터카 회사에 연락을 취합니다. 사고 당사자가 먼저 사죄를 하면 잘못을 인정하는 꼴이 되므로 당황하지 말고 신중하게 대처해야 합니다. 그리고 사고에 대한 보험을 청구하기 위해서는 사고증명서를 반드시 받아두어야 합니다.

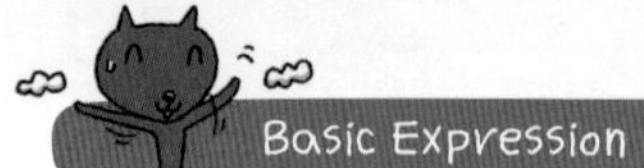

교통사고예요!

こうつうじこ
交通事故ですよ!
고-쓰-지꼬데스요

구급차를 불러 주세요.

きゅうきゅうしゃ　よ
救急車を呼んでください。
큐-뀨-샤오 욘데 구다사이

도와줘요! 사고예요!

たす　じこ
助けて! 事故ですよ!
다스케떼! 지꼬데스요

경찰을 불러 주세요.

けいさつ　よ
警察を呼んでください。
케-사쯔오 욘데 구다사이

저에게는 과실이 없어요.

かしつ
わたしのほうには過失はありません。
와따시노 호-니와 카시쯔와 아리마셍

이 사고는 제 탓입니다.

じこ
この事故はわたしのせいです。
고노 지꼬와 와따시노 세-데스

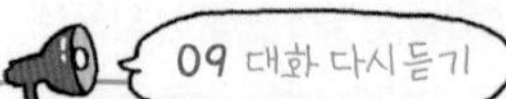

□□□

A: 도와줘요! 사고예요!

B: 괜찮아요? 다친 데는 없나요?

학습일 /

Unit 10

위급한 상황일 때

Mini Talk

A: 緊急(きんきゅう)です!

깅뀨-데스

위급해요!

B: 何(なに)が起(お)こったんですか。

나니가 오꼿딴데스까

무슨 일이 일어났어요?

Check Point!

그 자리의 분위기나 상대에게 신경을 쓴 나머지 자신도 모르게 그만 웃으며 승낙을 하는 경우가 있으므로 결코 알았다는 행동을 취하지 말고 적극적으로 물어봅시다. 또한 순식간에 난처한 상황이나 위급한 상황이 발생했을 때는 입이 얼어 아무 말도 나오지 않는 법입니다. 만약을 대비해서 상대를 제지할 수 있는 최소한의 표현은 반드시 기억해둡시다.

위험해요!

あぶ
危ないです!

아부나이데스

다가오지 말아요!

ちか
近づかないでください!

치까즈까나이데 구다사이

위급해요!

きんきゅう
緊急です!

깅뀨-데스

도와주세요!

たす
助けてください!

다스께떼 구다사이

누구 좀 와 주세요!

き
だれか来てください!

다레까 기떼 구다사이

그만두세요!

やめてください!

야메떼 구다사이

10 대화 다시듣기

□□□

A: 위급해요!

B: 무슨 일이 일어났어요?

앞에서 배운 대화 내용입니다. 빈 칸을 채워보세요. 기억이 잘 안 난다고요? 녹음이 있잖아요. 녹음을 듣고 써보세요 . 정답은 각 유닛에서 확인하세요.

01 길을 묻거나 알려줄 때

A: わたしは、＿＿＿＿＿＿＿＿＿＿。
B: いま、ここにいるのです。

저는 이 지도의 어디에 있죠?
지금 여기에 있습니다.

02 택시를 탈 때

A: ＿＿＿＿＿＿＿＿＿＿。
B: 少し時間がかかりますよ。

택시를 불러 주시겠어요?
시간이 좀 걸립니다.

03 버스를 탈 때

A: ＿＿＿＿＿＿＿＿＿＿。
B: 300円です。

버스 요금은 얼마죠?
300엔입니다.

04 전철·지하철을 탈 때

A: ＿＿＿＿＿＿＿＿＿＿。
B: いいえ、JRに乗ってください。

이 전철을 타면 되죠?
아뇨, JR을 타세요.

05 열차를 탈 때

A: すみません、＿＿＿＿＿＿＿＿＿＿。
B: この通路にそって行くと右にあります。

미안합니다, 매표소는 어디에 있어요?
이 통로를 따라가면 오른쪽에 있어요.

06 비행기를 탈 때

A: ______________________________。

B: お名前と便名をどうぞ。

출발시각을 확인하고 싶은데요.
성함과 편명을 말씀하십시오.

07 렌터카

A: 車種は何がいいですか。

B: 安くて______________________________。

차종은 뭐가 좋을까요?
싸고 운전하기 쉬운 차가 좋겠군요.

08 자동차를 운전할 때

A: さあ、______________________________。

B: ええ、乗せていただけると助かります。

자, 역까지 태워드릴게요.
네, 태워주시면 도움이 되겠습니다.

09 교통사고가 났을 때

A: 助けて! ______________________!

B: 大丈夫ですか。お怪我はありませんか。

도와줘요! 사고예요!
괜찮아요? 다친 데는 없나요?

10 위급한 상황일 때

A: ______________________!

B: 何が起こったんですか。

위급해요!
무슨 일이 일어났어요?

EVERYDAY

Part 06

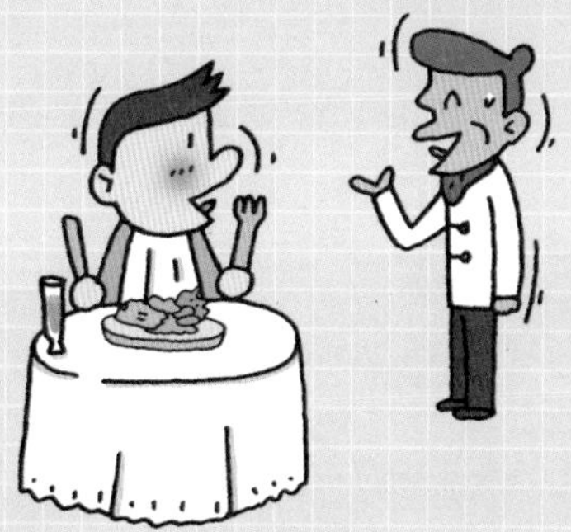

일본어

학습일 /

Unit

01 식당을 찾을 때

Mini Talk

A: どんなお料理(りょうり)が好(す)きですか。

돈나 오료-리가 스끼데스까

어떤 요리를 좋아하십니까?

B: 日本料理(にほんりょうり)が食(た)べたいんです。

니혼료-리가 다베따인데스

일본요리를 먹고 싶은데요.

Check Point!

요즘은 맛집을 검색해서 스마트폰 지도를 통해 직접 찾아가서 음식의 맛을 즐기는 경우가 대부분입니다. 일본요리를 맛볼 수 있는 곳은 고급 레스토랑에서 저렴한 대중음식점에 이르기까지 다양하며, 일본의 대중식당의 경우 보통 바깥 쇼윈도우에 모형음식이 전시되어 있습니다. 일본요리는 우리와 거의 비슷한 재료를 사용해서 요리를 하지만, 대체로 맛이 달고 싱겁습니다.

Basic Expression

괜찮은 식당 좀 소개해 주시겠어요?

いいレストランを紹介(しょうかい)していただけますか。

이- 레스토랑오 쇼-까이시떼 이따다께마스까

별로 안 비싼 식당이 좋겠어요.

あまり高(たか)くないレストランがいいです。

아마리 다카꾸나이 레스토랑가 이-데스

이 주변에 한식점은 있나요?

この辺(あた)りに韓国料理(かんこくりょうり)の店(みせ)はありますか。

고노 아따리니 캉코꾸료-리노 미세와 아리마스까

식당이 많은 곳은 어느 주변인가요?

レストランの多(おお)いのはどの辺(あた)りですか。

레스토란노 오-이노와 도노 아따리데스까

이 시간에 문을 연 식당은 있나요?

この時間(じかん)開(あ)いているレストランはありますか。

고노 지깡 아이떼 이루 레스토랑와 아리마스까

우동집은 어디에 있는지 아세요?

うどん屋(や)はどこにあるかご存(ぞん)じですか。

우동야와 도꼬니 아루까 고존지데스까

□ □ □

A: 어떤 요리를 좋아하십니까?

B: 일본요리를 먹고 싶은데요.

학습일 ／ □

Unit

02 식당 예약

Mini Talk

A: 今晩(こんばん)7時(じ)に5人分(にんぶん)予約(よやく)したいんですが。

곰방 시찌지니 고닌붕 요야꾸시따인데스가

오늘밤 7시에 5인분을 예약하고 싶은데요.

B: あいにく今晩(こんばん)は満席(まんせき)です。

아이니꾸 곰방와 만세끼데스

유감스럽지만, 오늘밤은 자리가 다 찼습니다.

Check Point!

맛있는 먹거리는 빠뜨릴 수 없는 멋진 여행의 하나입니다. 간편하게 식사를 할 때는 숙박처에서 가까운 곳에 있는 식당을 찾아 들어가면 됩니다. 그러나 맛집으로 소문난 식당이나 대형 레스토랑 같은 곳은 항상 많은 사람들로 붐비므로 미리 예약을 하고 찾아가는 것이 아까운 시간을 버리지 않고 먹거리 여행을 할 수 있는 좋은 방법입니다.

예약이 필요한가요?

よやく　ひつよう
予約が必要ですか。
요야꾸가 히쯔요-데스까

예약하지 않아도 식사할 수 있나요?

よやく　　　　しょくじ
予約しなくても食事できますか。
요야꾸시나꾸떼모 쇼꾸지 데끼마스까

몇 분이십니까?

なんにん
何人さまですか。
난닌사마데스까

오늘 예약을 내일로 변경할 수 있나요?

きょう　よやく　　　　へんこう
今日の予約をあしたに変更できますか。
쿄-노 요야꾸오 아시따니 헹꼬-데끼마스까

예약을 확인할 수 있나요?

よやく　かくにん
予約の確認ができますか。
요야꾸노 카꾸닝가 데끼마스까

예약을 취소하고 싶은데요.

よやく
予約をキャンセルしたいんですが。
요야꾸오 칸세루시따인데스가

02 대화 다시듣기

☐ ☐ ☐

A: 오늘밤 7시에 5인분을 예약하고 싶은데요.

B: 유감스럽지만, 오늘밤은 자리가 다 찼습니다.

Unit 03 자리에 앉을 때까지

Mini Talk

A: こんばんは。二人(ふたり)ですが、席(せき)はありますか。

곰방와. 후따리데스가, 세끼와 아리마스까

안녕하세요. 두 사람인데요, 좌석은 있나요?

B: あいにく満席(まんせき)なのでお待(ま)ち願(ねが)うことになりますが。

아이니꾸 만세끼나노데 오마찌네가우 고또니 나리마스가

아쉽게도 자리가 다 차서 기다리셔야 되겠는데요.

Check Point!

여행 중에 찾아오는 공복을 해결하기 위해 원하는 식당을 찾아갔는데 자리가 다 찼거나 줄을 서서 기다리는 상황이라면 입구에서 기다렸다 종업원의 안내에 따라 자리에 앉으면 됩니다. 그렇지 않은 식당이라면 일단 들어가서 자리에 앉습니다. 참고로 일본은 입구 쪽에 비치된 식권판매기에서 식권을 구입해서 점원에게 전달해야 준문이 들어가는 식당이 많습니다.

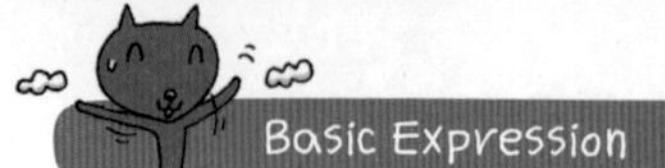

Basic Expression

어서 오십시오. 몇 분이십니까?

いらっしゃいませ。何人(なんにん)さまですか。

이랏샤이마세. 난닌사마데스까

3명이 앉을 자리는 있나요?

3人(にん)の席(せき)はありますか。

산닌노 세끼와 아리마스까

창가 자리로 주세요.

窓際(まどぎわ)の席(せき)をお願(ねが)いします。

마도기와노 세끼오 오네가이시마스

구석 자리가 좋겠는데요.

隅(すみ)の席(せき)がいいんですが。

스미노 세끼가 이인데스가

안내해 드릴 때까지 기다려 주십시오.

ご案内(あんない)するまでお待(ま)ちください。

고안나이스루마데 오마찌 쿠다사이

얼마나 기다려야 하죠?

どのくらい待(ま)たなければいけませんか。

도노 쿠라이 마따나께레바 이께마센까

03 대화 다시 듣기

□□□

A: 안녕하세요. 두 사람인데요, 좌석은 있나요?

B: 아쉽게도 자리가 다 차서 기다리셔야 되겠는데요.

학습일 ／ □

Unit

04 주문할 때

Mini Talk

A: 何(なに)がおすすめですか。

나니가 오스스메데스까

무얼 추천하시겠어요?

B: どんなものが食(た)べたいのですか。

돈나 모노가 다베따이노데스까

어떤 걸 드시고 싶으십니까?

Check Point!

말이 잘 통하지 않더라도 대부분의 식당이 메뉴와 함께 그 요리에 관한 사진이 있으므로 메뉴를 보면 그 요리 내용을 대충 알 수 있습니다. 메뉴를 보고 싶을 때는 종업원에게 メニューを見せてくれますか라고 합니다. 주문할 요리가 정해지면 메뉴를 가리키며 これをください라고 하면 일본어를 모르더라도 종업원은 금방 알아차리고 요리 주문을 받을 수 있습니다.

메뉴를 보여 주세요.

メニューを見(み)せてください。

메뉴-오 미세떼 구다사이

한국어 메뉴는 있나요?

韓国語(かんこくご)のメニューはありますか。

캉코꾸고노 메뉴-와 아리마스까

주문받으세요.

注文(ちゅうもん)をしたいのですが。

츄-몽오 시따이노데스가

이것과 이것을 주세요.

これとこれをお願(ねが)いします。

고레또 고레오 오네가이시마스

나도 같은 걸로 주세요.

わたしにも同(おな)じ物(もの)をお願(ねが)いします。

와따시니모 오나지모노오 오네가이시마스

저것과 같은 요리를 주세요.

あれと同(おな)じ料理(りょうり)をください。

아레또 오나지 료-리오 구다사이

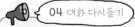

A: 무얼 추천하시겠어요?

B: 어떤 걸 드시고 싶으십니까?

□ □ □

학습일 ／ □

Unit

05 주문에 문제가 있을 때

Mini Talk

A: 注文（ちゅうもん）したものがまだ来（こ）ないのですが。

츄-몬시따 모노가 마다 고나이노데스가

주문한 게 아직 안 나왔는데요.

B: いつご注文（ちゅうもん）なさいましたか。

이쯔 고츄-몬 나사이마시다까

언제 주문하셨습니까?

Check Point!

많은 사람들로 식당이 붐빌 때는 가끔 종업원들로 헷갈리는 경우가 있습니다. 예를 들어 한참 기다려도 요리가 나오지 않을 때는 注文したものがまだ来ないのですが라고 해보십시오. 또한 주문한 요리가 아닐 때는 注文したものと違います, 주문하지 않은 음식이 나왔을 때는 これは注文していませんが라고 말하면 됩니다.

Basic Expression

요리가 아직 안 나왔는데요.

料理(りょうり)がまだ来(き)ません。

료-리가 마다 기마셍

주문한 것과 다른데요.

注文(ちゅうもん)したものと違(ちが)います。

츄-몬시따 모노또 치가이마스

이건 주문하지 않았는데요.

これは注文(ちゅうもん)していませんが。

고레와 츄-몬시떼 이마셍가

제가 주문한 건 어떻게 됐나요?

わたしの注文(ちゅうもん)したのはどうなっていますか。

와따시노 츄-몬시따노와 도-낫떼 이마스까

빨리 해 주세요.

早(はや)くしてください。

하야꾸 시떼 구다사이

주문한 요리는 언제 되나요?

注文(ちゅうもん)した料理(りょうり)はいつできますか。

츄-몬시따 료-리와 이쯔 데끼마스까

05 대화 다시듣기

□ □ □

A: 주문한 게 아직 안 나왔는데요.

B: 언제 주문하셨습니까?

학습일 / ☐

Unit

06 식당에서의 트러블

Mini Talk

A: ちょっと火(ひ)が通(とお)っていないようですが。

촛또 히가 도옷떼 이나이요-데스가

좀 덜 익은 것 같은데요.

B: 作(つく)り直(なお)してまいります。

쓰꾸리나오시떼 마이리마스

다시 만들어 가져오겠습니다.

Check Point!

식사를 하면서 옆 자리가 시끄럽다거나 불편하면 席に替えてもらえませんか라고 종업원에게 요청해서 편한 곳에서 식사를 하도록 합시다. 만약 젓가락이나 컵 등을 다른 것으로 바꿔달라고 할 때는 ~を取り替えてください라고 말해봅시다. 또한 주문한 요리가 맛이 없거나 너무 많으면 ~て食べられません라고 당당하게 말하면 됩니다.

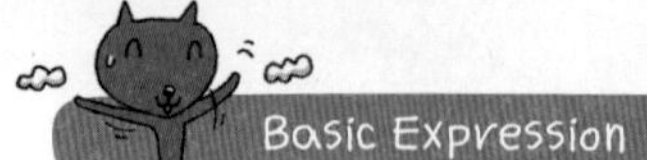

Basic Expression

좀 더 조용한 자리로 바꿔 주시겠어요?

もっと静(しず)かな席(せき)に替(か)えてもらえませんか。

못또 시즈까나 세끼니 가에떼 모라에마셍까

이 요리에 머리카락이 들어 있어요.

この料理(りょうり)に髪(かみ)の毛(け)が入(はい)ってますよ。

고노 료-리니 가미노께가 하잇떼 마스요

약간 덜 익은 것 같은데요.

ちょっと火(ひ)が通(とお)ってないようですが。

촛또 히가 도옷떼 나이 요-데스가

이 스테이크는 너무 구웠네요.

このステーキは焼(や)きすぎです。

고노 스테-키와 야끼스기데스

글라스가 더럽네요. 바꿔주세요.

グラスが汚(よご)れています。取(と)り替(か)えてください。

그라스가 요고레떼 이마스. 도리까에떼 구다사이

너무 많아서 다 먹을 수 없습니다.

ちょっと多(おお)すぎて食(た)べられません。

촛또 오-스기떼 다베라레마셍

A: 좀 덜 익은 것 같은데요.

B: 다시 만들어 가져오겠습니다.

□ □ □

학습일 /

Unit 07

식사를 하면서

Mini Talk

A: はしを落(おと)してしまいましたが。

하시오 오또시떼 시마이마시따가

젓가락을 떨어뜨렸는데요.

B: 新(あたら)しいものを持(も)ってまいります。

아따라시- 모노오 못떼 마이리마스

새 것으로 갖다 드리겠습니다.

Check Point!

일본 식당에서는 식사할 때 숟가락을 쓰지 않습니다. 특히 국은 그릇을 왼손으로 들고, 오른손 젓가락으로 가볍게 저어가며 마시며, 된장국이나 우동 등의 국물을 먹을 때 약간 소리를 내어서 먹는 것이 어느 정도 허용됩니다. 종업원의 도움이 필요할 때는 すみません이라는 말로 부르면 됩니다. 또한 추가로 요리를 부탁할 때는 ~のおかわりをください라고 합니다.

간장을 갖다 주세요.

しょうゆ　と
醤油を取ってください。
쇼-유오 돗떼 구다사이

밥 하나 더 주세요.

はん
ご飯のおかわりをください。
고한노 오까와리오 구다사이

좀더 구워 주세요.

すこ　や
もう少し焼いてください。
모- 스꼬시 야이떼 구다사이

테이블을 치워 주세요.

かたづ
テーブルを片付けてください。
테-부루오 가따즈케떼 구다사이

이 요리는 먹지 않았습니다.

りょうり　た
この料理は食べていません。
고노 료-리와 다베떼 이마셍

가져가도 됩니까?

も　かえ
持ち帰ってもいいですか。
모찌카엣떼모 이-데스까

A: 젓가락을 떨어뜨렸는데요.

B: 새 것으로 갖다 드리겠습니다.

□ □ □

Unit 08

음식맛의 표현

Mini Talk

A: 味(あじ)はどうですか。

아지와 도-데스까

맛은 어때요?

B: ちょっと薄味(うすあじ)ですね。

춋또 우스아지데스네

좀 싱겁군요.

Check Point!

음식맛을 물을 때는 味はどうですか라고 합니다. 만약 음식이 맛있다면 おいしいです라고 하며, 남자들은 보통うまいです라고 합니다. 반대로 맛이 없을 때는 まずいです나 부정표현인 おいしくないです라고 하면 됩니다. 나온 음식이 입맛에 맞을 때는 口に合います, 입맛에 맞이 않을 때는 口に合わないです라고 말하면 됩니다.

Basic Expression

이거 정말 맛있군요.

これ、とてもおいしいですね。

고레, 도떼모 오이시-데스네

맛이 없군요.

まずいですね。

마즈이데스네

이 된장국은 짜군요.

この味噌汁(みそしる)はしょっぱいですね。

고노 미소시루와 숍빠이데스네

너무 달군요.

甘(あま)すぎますね。

아마스기마스네

이건 좀 맵군요.

これはちょっと辛(から)いですね。

고레와 촛또 카라이데스네

이건 별로 입에 맞지 않군요.

これはあまり口(くち)に合(あ)わないですね。

고레와 아마리 구찌니 아와나이데스네

☐ ☐ ☐

A: 맛은 어때요?

B: 좀 싱겁군요.

학습일 / ☐

Unit 09

식당에서의 계산

Mini Talk

A: こちらがお勘定(かんじょう)となっております。

고찌라가 오칸죠-또 낫떼 오리마스

계산서는 여기 있습니다.

B: テーブルで支払(しはら)いできますか。

테-부루데 시하라이 데끼마스까

테이블에서 지불해도 되나요?

Check Point!

드디어 식사가 끝나면 손을 들어서 すみません라고 종업원을 불러 お勘定をお願いします라고 계산서를 부탁하거나, 자리에서 지불이 가능한지를 물을 때는 ここで払えますか라고 합니다. 또한 자신이 전부 계산할 때는 わたしがまとめて払います, 신용카드로 계산을 하고 싶을 때는 クレジットカードで支払えますか라고 하면 됩니다.

Basic Expression

계산해주세요.

お勘定(かんじょう)をお願(ねが)いします。

오칸죠-오 오네가이시마스

여기서 계산하나요?

ここで払(はら)えますか。

고꼬데 하라에마스까

계산을 따로따로 하고 싶은데요.

勘定(かんじょう)を別々(べつべつ)に払(はら)いたいんですが。

칸죠-오 베쯔베쯔니 하라이따인데스가

제가 전부 내겠습니다.

わたしがまとめて払(はら)います。

와따시가 마또메떼 하라이마스

여기는 선불인가요?

ここは前払(まえばら)いですか。

고꼬와 마에바라이데스까

이 요금은 뭡니까?

この料金(りょうきん)は何(なん)ですか。

고노 료-낑와 난데스까

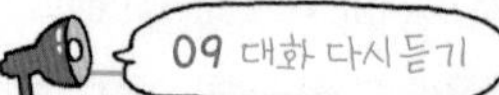

□□□

A: 계산서는 여기 있습니다.

B: 테이블에서 지불해도 되나요?

Unit 10

음료와 술을 마실 때

Mini Talk

A: もう少し(すこ)ビールをいかがですか。

모- 스꼬시 비-루오 이까가데스까

맥주 좀 더 마실래요?

B: ありがとう。

아리가또-

고마워요.

Check Point!

일본인은 맥주(ビール), 청주(日本酒), 소주(焼酎), 위스키(ウイスキー), 와인(ワイン), 칵테일(カクテル) 등 여러 가지 술을 마십니다. 소비량이 가장 많은 것은 맥주로 전체 주류의 70%를 차지합니다. 술집은 클럽(クラブ), 바(バー), 스낵바(スナックバー), 팝(パブ), 선술집(いざかや), 카페 바(カフェバ), 비어홀(ビアホール) 등이 있습니다.

Basic Expression

커피를 마실까요?

コーヒーを飲(の)みましょうか。

코-히-오 노미마쇼-까

어디서 한 잔 할까요?

どこかで一杯(いっぱい)やりましょうか。

도꼬까데 입빠이 야리마쇼-까

건배!

乾杯(かんぱい)!

감빠이

술이 상당히 세 보이네요.

お酒(さけ)がなかなか強(つよ)そうですね。

오사께가 나까나까 쓰요소-데스네

저는 별로 못 마셔요.

わたしはあまり飲(の)めないんですよ。

와따시와 아마리 노메나인데스요

잠깐 술을 깰게요.

ちょっと酔(よ)いをさますよ。

춋또 요이오 사마스요

□□□

A: 맥주 좀 더 마실래요?

B: 고마워요.

앞에서 배운 대화 내용입니다. 빈 칸을 채워보세요. 기억이 잘 안 난다고요? 녹음이 있잖아요. 녹음을 듣고 써보세요 . 정답은 각 유닛에서 확인하세요.

01 식당을 찾을 때

A: ＿＿＿＿＿＿＿＿＿＿＿＿＿＿＿＿。

B: 日本料理が食べたいんです。

어떤 요리를 좋아하십니까?
일본요리를 먹고 싶은데요.

02 식당 예약

A: 今晩7時に＿＿＿＿＿＿＿＿＿＿＿＿＿＿＿＿。

B: あいにく今晩は満席です。

오늘밤 7시에 5인분을 예약하고 싶은데요.
유감스럽지만, 오늘밤은 자리가 다 찼습니다.

03 자리에 앉을 때까지

A: こんばんは。二人ですが、＿＿＿＿＿＿＿＿。

B: あいにく満席なのでお待ち願うことになりますが。

안녕하세요. 두 사람인데요, 좌석은 있나요?
아쉽게도 자리가 다 차서 기다리셔야 되겠는데요.

04 주문할 때

A: ＿＿＿＿＿＿＿＿＿＿＿＿＿＿＿＿。

B: どんなものが食べたいのですか。

무얼 추천하시겠어요?
어떤 걸 드시고 싶으십니까?

05 주문에 문제가 있을 때

A: ＿＿＿＿＿＿＿＿＿＿＿＿＿＿＿＿。

B: いつご注文なさいましたか。

주문한 게 아직 안 나왔는데요.
언제 주문하셨습니까?

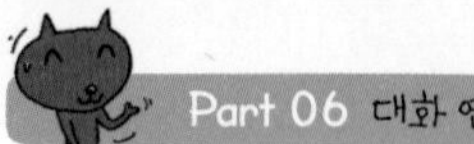

06 식당에서의 트러블

A: ちょっと火が通っていないようですが。

B: ____________________。

좀 덜 익은 것 같은데요.
다시 만들어 가져오겠습니다.

07 식사를 하면서

A: ____________________。

B: 新しいものを持ってまいります。

젓가락을 떨어뜨렸는데요.
새 것으로 갖다 드리겠습니다.

08 음식맛의 표현

A: ____________________。

B: ちょっと薄味ですね。

맛은 어때요?
좀 싱겁군요.

09 식당에서의 계산

A: こちらがお勘定となっております。

B: ____________________。

계산서는 여기 있습니다.
테이블에서 지불해도 되나요?

10 음료와 술을 마실 때

A: ____________________。

B: ありがとう。

맥주 좀 더 마실래요?
고마워요.

EVERYDAY

Part 07

일본어

학습일 / □

Unit 01

쇼핑가에서

Mini Talk

A: ショッピングセンターを探(さが)しています。

숍핑구센타-오 사가시떼 이마스

쇼핑센터를 찾고 있습니다.

B: 最近(さいきん)、新(あたら)しいショッピングプラザができました。

사이낑, 아따라시- 숍핑구푸라자가 데끼마시다

최근에 새로운 쇼핑센터가 생겼습니다.

Check Point!

일본여행의 선물로 인기가 있는 품목은, 카메라, 비디오카메라, 시계 등의 정밀기기와, 기모노, 진주, 도자기, 죽공예품, 판화, 골동품 등의 전통공예품을 들 수 있습니다. 이러한 품목들은 각지의 전문점은 물론, 백화점에서도 쉽게 구입할 수 있습니다. 여행에서 쇼핑도 빼놓을 수 없는 즐거움의 하나입니다. 꼭 필요한 품목은 미리 계획을 세워 충동구매를 피하도록 합시다.

Basic Expression

쇼핑가는 어디에 있나요?

ショッピング街(がい)はどこですか。

숍핑구가이와 도꼬데스까

면세점은 어디에 있나요?

免税店(めんぜいてん)はどこにありますか。

멘제-뗑와 도꼬니 아리마스까

이 주변에 백화점은 있나요?

このあたりにデパートはありますか。

고노 아따리니 데파-토와 아리마스까

그건 어디서 살 수 있나요?

それはどこで買(か)えますか。

소레와 도꼬데 가에마스까

그 가게는 오늘 문을 열었나요?

その店(みせ)は今日(きょう)開(あ)いていますか。

소노 미세와 쿄- 아이떼 이마스까

몇 시까지 하나요?

何時(なんじ)まで開(あ)いていますか。

난지마데 아이떼 이마스까

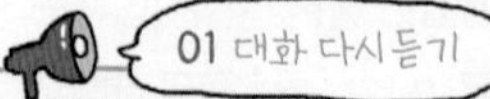

A: 쇼핑센터를 찾고 있습니다.

B: 최근에 새로운 쇼핑센터가 생겼습니다.

□ □ □

Unit 02 슈퍼마켓・백화점에서

Mini Talk

A: 贈答用商品券(ぞうとうようしょうひんけん)はどこで買(か)えますか。

조-또-요- 쇼-힝껭와 도꼬데 가에마스까

선물용 상품권은 어디서 살 수 있습니까?

B: はい、5階(かい)の文化(ぶんか)センターの入口(いりぐち)にございます。

하이, 고까이노 붕까센타-노 이리구찌니 고자이마스

네, 5층 문화센터 입구에 있습니다.

Check Point!

백화점은 가격이 좀 비싸지만 가장 안전하고 좋은 물건을 구입할 수 있는 곳입니다. 또한 저렴하게 좋은 물건을 구입할 수 있는 곳으로는 국제공항의 출국 대합실에 免税店(Duty Free)이라는 간판을 내걸고 술, 향수, 보석, 담배 등을 파는 면세점이 있습니다. 나라나 도시에 따라서는 시내에도 공인 면세점이 있어 해외여행자의 인기를 모으고 있습니다.

이 근처에 슈퍼는 있나요?

この近く(ちか)にスーパーはありますか。

고노 치까꾸니 스-파-와 아리마스까

가공식품 코너는 어딘가요?

加工食品(かこうしょくひん)のコーナーはどこですか。

가꼬-쇼꾸힌노 코-나-와 도꼬데스까

매장 안내는 있나요?

売場案内(うりばあんない)はありますか。

우리바 안나이와 아리마스까

엘리베이터는 어디에 있나요?

エレベーターはどこですか。

에레베-타-와 도꼬데스까

이것에는 보증이 붙어있나요?

これには保証(ほしょう)が付(つ)いてますか。

고레니와 호쇼-가 쓰이떼마스까

지금 주문하면 곧 받을 수 있나요?

いま注文(ちゅうもん)すれば、すぐ手(て)に入(はい)りますか。

이마 츄-몬스레바, 스구 데니 하이리마스까

02 대화 다시듣기

A: 선물용 상품권은 어디서 살 수 있습니까?

B: 네, 5층 문화센터 입구에 있습니다.

Unit 03 물건을 찾을 때

Mini Talk

A: 何(なに)かお探(さが)しですか。

나니까 오사가시데스까

무얼 찾으세요?

B: はい、家内(かない)へのプレゼントを見(み)ています。

하이, 카나이에노 푸레젠토오 미떼 이마스

네, 아내에게 줄 선물을 보고 있습니다.

Check Point!

가게에 들어서면 제일 먼저 종업원이 いらっしゃいませ라고 큰소리로 인사를 하며 손님을 맞이합니다. 何をお探しですか(뭐를 찾으십니까?)라고 물었을 때 살 마음이 없는 경우에는 見ているだけです(보고 있습니다)라고 대답하면 됩니다. 종업원이 손님에게 말을 걸었는데도 대답을 하지 않거나 무시하는 것은 상대에게 실례가 됩니다.

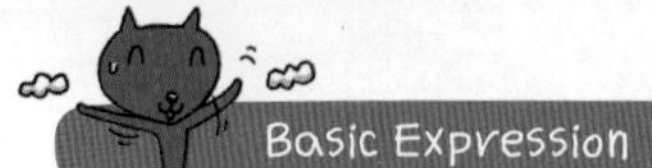

Basic Expression

무얼 찾으세요?

何(なに)かお探(さが)しですか。

나니까 오사가시데스까

그냥 구경하는 거예요.

見(み)ているだけです。

미떼이루 다께데스

잠깐 봐 주시겠어요?

ちょっとよろしいですか。

춋또 요로시-데스까

재킷을 찾는데요.

ジャケットを探(さが)しています。

쟈켓토오 사가시떼 이마스

이것과 같은 것은 없어요?

これと同(おな)じものはありませんか。

고레또 오나지 모노와 아리마셍까

이것뿐이에요?

これだけですか。

고레다께데스까

□ □ □

A: 무얼 찾으세요?

B: 네, 아내에게 줄 선물을 보고 있습니다.

학습일 ／ □

Unit 04 물건을 고를 때

Mini Talk

A: あれを見(み)せてもらえますか。

아레오 미세떼 모라에마스까

저걸 보여 주시겠어요?

B: かしこまりました。はい、どうぞ。

카시꼬마리마시다. 하이, 도-조

알겠습니다. 자, 여기 있습니다.

Check Point!

쇼핑할 때 가게에 들어가서 상품에 함부로 손을 대지 않도록 합시다. 가게에 진열되어 있는 상품은 어디까지나 샘플이기 때문에 손을 대는 것은 살 마음이 있다고 상대가 받아들일 수도 있습니다. 보고 싶을 경우에는 옆에 있는 점원에게 부탁을 해서 꺼내오도록 해야 합니다. 만약 찾는 물건이 보이지 않을 때는 ~を見せてください(~을 보여주세요)라고 해보세요.

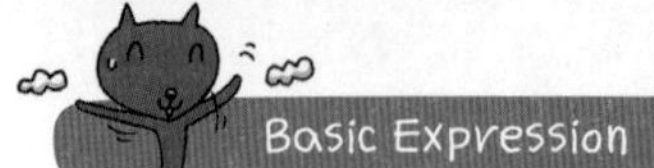

Basic Expression

그걸 봐도 될까요?

それを見(み)てもいいですか。

소레오 미떼모 이-데스까

몇 가지 보여 주세요.

いくつか見(み)せてください。

이꾸쓰까 미세떼 구다사이

다른 것을 보여 주세요.

別(べつ)のものを見(み)せてください。

베쯔노 모노오 미세떼 구다사이

더 좋은 것은 없어요?

もっといいのはありませんか。

못또 이-노와 아리마셍까

사이즈는 이것뿐이에요?

サイズはこれだけですか。

사이즈와 고레다께데스까

다른 디자인은 없어요?

他(ほか)のデザインはありませんか。

호까노 데자잉와 아리마셍까

□□□

A: 저걸 보여 주시겠어요?

B: 알겠습니다. 자, 여기 있습니다.

학습일 ／ □

Unit 05

물건 값을 흥정할 때

Mini Talk

A: これを全部(ぜんぶ)買(か)ったら割引(わりびき)してくれますか。

고레오 젬부 갓따라 와리비끼시떼 구레마스까

이걸 전부 사면 할인해 주나요?

B: ええ、考(かんが)えますよ。

에-, 강가에마스요

예, 생각해볼게요.

Check Point!

정찰제로 운영하는 가게는 가격을 흥정하기 어렵지만, 할인점이나 시장 등에서는 가능합니다. 자신이 생각한 가격보다 비쌀 경우에는 高いですね, 조금 쌀 때는 安いですねね라고 말해보십시오. 더 싼 물건을 찾을 때는 もっと安いものはありませんか라고 하며, 값을 깎아달라고 할 때는 もっと安くしてくれませんか나 少し割引きできませんか라고 흥정하면 됩니다.

Basic Expression

좀 더 깎아 줄래요?

もう少し負けてくれますか。

모- 스꼬시 마케떼 구레마스까

더 싼 것은 없나요?

もっと安いものはありませんか。

못또 야스이 모노와 아리마셍까

더 싸게 해 주실래요?

もっと安くしてくれませんか。

못또 야스꾸시떼 구레마셍까

좀 비싼 것 같군요.

ちょっと高いようですね。

촛또 다까이요-데스네

할인 좀 안 되나요?

少し割引できますか。

스꼬시 와리비끼 데끼마스까

미안해요. 다음에 올게요.

ごめんなさい。また来ます。

고멘나사이. 마따 기마스

05 대화 다시 듣기

A: 이걸 전부 사면 할인해 주나요?

B: 예, 생각해볼게요.

□ □ □

Unit

06 물건 값을 계산할 때

Mini Talk

A: これ、全部(ぜんぶ)でいくらですか。

고레, 젬부데 이꾸라데스까

이거 전부해서 얼마인가요?

B: はい、税込(ぜいこ)みで13, 200円(えん)になります。

하이, 제-꼬미데 이찌만산젠니햐꾸엔니 나리마스

네, 세금 포함해서

13,200엔이 되겠습니다.

Check Point!

가격이 정해지고 나서 구입한 물건을 한꺼번에 지불할 때는 全部でいくらになりますか라고 합니다. 거의 모든 가게에서 현금, 신용카드, 여행자수표 등으로 물건값을 계산할 수 있지만, 여행자수표를 사용할 때는 여권의 제시를 요구하는 가게도 있습니다. 일본은 각 개인이 소비세를 지불하며 우리처럼 카드가 안 되는 곳이 많으므로 현금을 준비해야 합니다.

Basic Expression

이건 얼마예요?

これはいくらですか。

고레와 이꾸라데스까

전부해서 얼마인가요?

全部(ぜんぶ)でいくらですか。

젬부데 이꾸라데스까

이건 세일 중인가요?

これはセール中(ちゅう)ですか。

고레와 세-루 쮸-데스까

세금을 포함한 가격입니까?

税金(ぜいきん)を含(ふく)んだ値段(ねだん)ですか。

제-낑오 후꾼다 네단데스까

신용카드로 지불하고 싶은데요.

クレジットカードで支払(しはら)いたいんですが。

쿠레짓토 카-도데 시하라이따인데스가

왜 가격이 다른가요?

どうして値段(ねだん)が違(ちが)うんですか。

도-시떼 네당가 치가운데스까

06 대화 다시듣기

A: 이거 전부해서 얼마인가요?

B: 네, 세금 포함해서 13,200엔이 되겠습니다.

□□□

학습일 ／ □

Unit 07

포장이나 배달을 원할 때

Mini Talk

A: これは配達(はいたつ)してください。

고레와 하이타쯔시떼 구다사이

이건 배달해 주세요.

B: はい、ここに住所(じゅうしょ)を書(か)いてください。

하이, 고꼬니 쥬-쇼오 가이떼 구다사이

네, 여기에 주소를
적어 주세요.

Check Point!

일본여행을 하면서 선물을 구입할 때는 받는 사람을 위해서 정성스럽게 포장을 부탁하게 됩니다. 매장에서 물건을 구입할 때 부피가 크거나 무거워서 들고 다니기 힘든 경우는 머물고 있는 호텔에 직접 배달을 これをホテルまで配達してくださいい라고 부탁하거나, 아니면 매장에 따라 한국으로 직접 배송을 부탁할 수도 있습니다.

이건 배달해 주세요.

これは配達（はいたつ）してください。

고레와 하이타쯔시떼 구다사이

호텔까지 배달해 주시겠어요?

ホテルまで届（とど）けてもらえますか。

호테루마데 도도께떼 모라에마스까

언제 배달해 주시겠어요?

いつ届（とど）けてもらえますか。

이쯔 도도께떼 모라에마스까

별도 요금이 드나요?

別料金（べつりょうきん）がかかりますか。

베쯔료-낑가 가까리마스까

이 주소로 보내 주세요.

この住所（じゅうしょ）に送（おく）ってください。

고노 쥬-쇼니 오꿋떼 구다사이

구입한 게 아직 배달되지 않았어요.

買（か）ったものがまだ届（とど）きません。

갓따 모노가 마다 도도끼마셍

07 대화 다시듣기

A: 이건 배달해 주세요.

B: 네, 여기에 주소를 적어 주세요.

학습일 / ☐

Unit 08 교환이나 환불을 원할 때

Mini Talk

A: これ、買(か)ったものと違(ちが)います。

고레, 갓따 모노또 치가이마스

이거 산 물건하고 다릅니다.

B: 領収書(りょうしゅうしょ)はありますか。

료-슈-쇼와 아리마스까

영수증은 있어요?

Check Point!

쇼핑할 때는 물건을 꼼꼼히 잘 살펴보고 구입하면 매장에 다시 찾아가서 교환이나 환불을 요구할 필요가 없습니다. 더구나 외국에서는 말이 잘 통하지 않기 때문에 어려움이 있기 마련입니다. 그러나 만에 하나 구입한 물건에 하자가 있을 때는 여기서의 표현을 잘 익혀두어 새로운 물건으로 교환을 받거나 원하는 물건이 없을 때 당당하게 환불을 받도록 합시다.

Basic Expression

반품하고 싶은데요.

へんぴん

返品したいのですが。

헴삔시따이노데스가

아직 쓰지 않았어요.

つか

まだ使っていません。

마다 쓰깟떼 이마셍

이걸 어제 샀어요.

か

これをきのう買いました。

고레오 기노- 가이마시다

다른 것으로 바꿔 주세요.

べつ　と　か

別のものと取り替えてください。

베쯔노 모노또 도리까에떼 구다사이

영수증은 여기 있어요.

りょうしゅうしょ

領収書はここにあります。

료-슈-쇼와 고꼬니 아리마스

환불해 주시겠어요?

へんきん

返金してもらえますか。

헹낀시떼 모라에마스까

08 대화 다시듣기

A: 이거 산 물건하고 다릅니다. □□□

B: 영수증은 있어요?

학습일 / □

Unit 09 물건을 분실했을 때

Mini Talk

A: 電車(でんしゃ)にバッグを忘(わす)れました。

덴샤니 박구오 와스레마시다

전철에 가방을 놓고 내렸어요.

B: 何線(なにせん)ですか。

나니센데스까

무슨 선입니까?

Check Point!

여권이나 귀중품을 분실했다면 먼저 분실물센터나 호텔의 경비담당 아니면 경찰에 신고해보세요. 만약 신용카드를 분실했다면 카드사에 연락하여 사용을 정지시키고, 비행기탑승권을 분실했다면 여행사나 항공사에 연락하세요. 그리고 여권 분실에 대비하여 발행 연월일, 번호, 발행지 등은 수첩에 메모를 해두고 예비사진 2장도 준비해두는 것도 도움이 됩니다.

여권을 잃어버렸어요.

パスポートをなくしました。

파스포-토오 나꾸시마시다

전철에 가방을 놓고 내렸어요.

電車(でんしゃ)にバッグを忘(わす)れました。

덴샤니 박구오 와스레마시다

유실물 센터는 어디에 있죠?

紛失物係(ふんしつぶつがかり)はどこですか。

훈시쯔부쯔 가까리와 도꼬데스까

누구에게 알리면 되죠?

だれに知(し)らせたらいいですか。

다레니 시라세따라 이-데스까

무엇이 들어있었죠?

何(なに)が入(はい)っていましたか。

나니가 하잇떼 이마시다까

찾으면 연락드릴게요.

見(み)つかったら連絡(れんらく)します。

미쓰캇따라 렌라꾸시마스

□□□

A: 전철에 가방을 놓고 내렸어요.

B: 무슨 선입니까?

Unit 10 도난당했을 때

Mini Talk

A: 金(かね)をよこせ。さもないと殺(ころ)すぞ!

가네오 요꼬세. 사모나이또 고로스조

돈을 내놔. 그렇지 않으면 죽이겠다!

B: お金(かね)は持(も)っていません!

오까네와 못떼 이마셍

돈은 안 갖고 있어요!

Check Point!

일본은 치안이 잘 되어 있는 나라지만 만약을 대비해서 다음과 같은 표현도 잘 익혀 두면 위급할 때 유용하게 쓸 수 있습니다. 물건을 도난당했다면 우선 도난 품목을 빠짐없이 작성하고 현지 경찰에 도난신고를 하거나 대사관 영사부에 도움을 요청해보세요. 그리고 보험에 가입되어 있다면 해당 보험사에도 연락하여 피해사건을 신고하도록 하세요.

강도예요!

強盗（ごうとう）ですよ!

고-또-데스요

돈을 빼앗겼어요.

お金（かね）を奪（うば）われました。

오까네오 우바와레마시다

스마트폰을 도둑맞았어요.

スマートフォンを盗（ぬす）まれました。

스마-토훵오 누스마레마시다

전철 안에서 지갑을 소매치기 당했어요.

電車（でんしゃ）の中（なか）で財布（さいふ）をすられました。

덴샤노 나까데 사이후오 스라레마시다

방에 도둑이 든 것 같아요.

部屋（へや）に泥棒（どろぼう）が入（はい）ったようなんです。

헤야니 도로보-가 하잇따요-난데스

도난신고서를 내고 싶은데요.

盗難届（とうなんとど）けを出（だ）したいんですが。

도-난토도께오 다시따인데스가

10 대화 다시듣기

□□□

A: 돈을 내놔. 그렇지 않으면 죽이겠다!

B: 돈은 안 갖고 있어요!

앞에서 배운 대화 내용입니다. 빈 칸을 채워보세요. 기억이 잘 안 난다고요? 녹음이 있잖아요. 녹음을 듣고 써보세요 . 정답은 각 유닛에서 확인하세요.

01 쇼핑가에서

A: ______________________。

B: 最近、新しいショッピングプラザができました。

쇼핑센터를 찾고 있습니다.
최근에 새로운 쇼핑센터가 생겼습니다.

02 슈퍼마켓•백화점에서

A: 贈答用商品券は______________。

B: はい、5階の文化センターの入口にございます。

선물용 상품권은 어디서 살 수 있습니까?
네, 5층 문화센터 입구에 있습니다.

03 물건을 찾을 때

A: ______________________。

B: はい、家内へのプレゼントを見ています。

무얼 찾으세요?
네, 아내에게 줄 선물을 보고 있습니다.

04 물건을 고를 때

A: ______________________。

B: かしこまりました。はい、どうぞ。

저걸 보여 주시겠어요?
알겠습니다. 자, 여기 있습니다.

05 물건 값을 흥정할 때

A: これを全部買ったら______________。

B: ええ、考えますよ。

이걸 전부 사면 할인해 주나요?
예, 생각해볼게요.

06 물건 값을 계산할 때

A: これ、＿＿＿＿＿＿＿＿＿＿。
B: はい、税込みで13,200円になります。

이거 전부해서 얼마인가요?
네, 세금 포함해서 13,200엔이 되겠습니다.

07 포장이나 배달을 원할 때

A: ＿＿＿＿＿＿＿＿＿＿＿＿。
B: はい、ここに住所を書いてください。

이건 배달해 주세요.
네, 여기에 주소를 적어 주세요.

08 교환이나 환불을 원할 때

A: これ、＿＿＿＿＿＿＿＿＿＿。
B: 領収書はありますか。

이거 산 물건하고 다릅니다.
영수증은 있어요?

09 물건을 분실했을 때

A: 電車に＿＿＿＿＿＿＿＿＿＿。
B: 何線ですか。

전철에 가방을 놓고 내렸어요.
무슨 선입니까?

10 도난당했을 때

A: 金をよこせ。さもないと殺すぞ!
B: ＿＿＿＿＿＿＿＿＿＿＿＿!

돈을 내놔. 그렇지 않으면 죽이겠다!
돈은 안 갖고 있어요!

EVERYDAY

Part 08

초대와 방문

일본어

Unit 01 전화를 걸 때

Mini Talk

A: もしもし。吉田(よしだ)さんのお宅(たく)ですか。

모시모시. 요시다산노 오따꾸데스까

여보세요. 요시다 씨 댁이죠?

B: はい、そうですが。

하이, 소-데스가

네, 그런데요.

Check Point!

전화를 걸 때는 반드시 もしもし, ○○ですが, ○○さんをお願いします(여보세요, ○○입니다만, ○○씨 부탁드립니다)라고 먼저 자신의 신분이나 소속단체를 밝히고 전화 통화할 상대를 부탁합니다. 상대가 직접 받을 때는 もしもし, そちらは ○○さんでしょうか(여보세요, ○○이시죠?)라고 확인하면 됩니다.

여보세요. 한국에서 온 김인데요.

もしもし。韓国(かんこく)から来(き)たキムですが。

모시모시. 캉코꾸까라 기따 기무데스가

여보세요. 요시다 씨 댁이죠?

もしもし、吉田(よしだ)さんのお宅(たく)ですか。

모시모시, 요시다산노 오따꾸데스까

나카무라 씨와 통화하고 싶은데요.

中村(なかむら)さんと話(はな)したいんですが。

나까무라산또 하나시따인데스가

여보세요. 스즈키 씨 좀 바꿔주세요.

もしもし、鈴木(すずき)さんをお願(ねが)いします。

모시모시, 스즈키상오 오네가이시마스

여보세요, 그쪽은 다나카 씨이세요?

もしもし、そちらは田中(たなか)さんでしょうか。

모시모시, 소찌라와 다나카산데쇼-까

요시노 선생님은 계세요?

吉野先生(よしのせんせい)はいらっしゃいますか。

요시노 센세-와 이랏샤이마스까

□□□

A: 여보세요. 요시다 씨 댁이죠?

B: 네, 그런데요.

학습일 / □

Unit
02 전화를 받을 때

Mini Talk

A: いま、ほかの電話(でんわ)に出(で)ておりますが。

이마, 호까노 뎅와니 데떼 오리마스가

지금 다른 전화를 받고 있는데요.

B: あ、そうですか。後(あと)でかけ直(なお)します。

아, 소-데스까. 아또데 가께나오시마스

아, 그래요? 나중에 다시 걸게요.

Check Point!

전화를 받을 때는 どちらさまでしょうか(누구시죠?)라고 상대를 확인하거나, もしもし, ○○でございますが(여보세요, ○○입니다만)라고 자신의 이름이나 회사의 이름 등을 밝혀 상대가 확인하는 수고를 덜어주는 것도 전화 에티켓의 하나입니다. 전화 상대를 바꿔줄 때는 ちょっとお待ちください(잠깐 기다려 주십시오)라고 합니다.

네, 전데요.

はい、わたしですが。

하이, 와따시데스가

누구시죠?

どちらさまでしょうか。

도찌라사마데쇼-까

잠시 기다려 주십시오.

少々(しょうしょう)お待(ま)ちください。

쇼-쇼- 오마찌 구다사이

곧 요시무라 씨를 바꿔드릴게요.

ただいま吉村(よしむら)さんと代(か)わります。

다다이마 요시무라산또 가와리마스

여보세요, 전화 바꿨습니다.

もしもし、お電話(でんわ)代(か)わりました。

모시모시, 오뎅와 가와리마시다

지금 다른 전화를 받고 있는데요.

いま、ほかの電話(でんわ)に出(で)ていますが。

이마, 호까노 뎅와니 데떼 이마스가

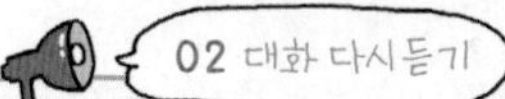

□ □ □

A: 지금 다른 전화를 받고 있는데요.

B: 아, 그래요? 나중에 다시 걸게요.

학습일 ／ □

Unit 03

찾는 사람이 부재중일 때

Mini Talk

A: まだ帰(かえ)ってきていないんですが。

마다 가엣떼기떼 이나인데스가

아직 돌아오지 않았는데요.

B: 何(なん)とか連絡(れんらく)する方法(ほうほう)はありませんか。

난또까 렌라꾸스루 호-호-와 아리마셍까

무슨 연락할 방법은 없나요?

Check Point!

전화를 한 사람은 당신의 업무와 관련이 없는 사람일지 몰라도 그래도 상대에게는 중요한 사람일 수 있습니다. 원하는 통화 상대가 부재중일 때는 정중하게 메모를 남겨두거나 부재의 이유를 간단하게 말할 수 있도록 합니다. 전화를 다시 하겠다고 말할 때는 あとでもう一度かけなおします(나중에 다시 걸겠습니다)라고 하면 됩니다.

언제 돌아오세요?

いつお戻(もど)りになりますか。

이쯔 오모도리니 나리마스까

무슨 연락할 방법은 없나요?

何(なん)とか連絡(れんらく)する方法(ほうほう)はありませんか。

난또까 렌라꾸스루 호-호-와 아리마셍까

나중에 다시 걸게요.

あとでもう一度(いちど)かけなおします。

아또데 모- 이찌도 가께나오시마스

미안합니다. 아직 출근하지 않았습니다.

すみません。まだ出社(しゅっしゃ)しておりません。

스미마셍. 마다 슛샤시떼 오리마셍

잠깐 자리를 비웠습니다.

ちょっと席(せき)をはずしております。

촛또 세끼오 하즈시떼 오리마스

오늘은 쉽니다.

きょうは休(やす)みを取(と)っております。

쿄-와 야스미오 돗떼 오리마스

03 대화 다시듣기

A: 아직 돌아오지 않았는데요.

B: 무슨 연락할 방법은 없나요?

☐ ☐ ☐

학습일 /

Unit

04 약속할 때

Mini Talk

A: わたしと昼食(ちゅうしょく)をいっしょにいかがですか。

와따시또 츄-쇼꾸오 잇쇼니 이까가데스까

저와 함께 점심을 하실까요?

B: 今日(きょう)はまずいですけど、あしたはどうですか。

쿄-와 마즈이데스께도,
아시따와 도-데스까

오늘은 곤란한데,
내일은 어때요?

Check Point!

상대와의 약속은 매우 중요합니다. 곧 그 사람의 신용과 직결되기 때문입니다. 약속을 제의할 때는 상대의 사정을 묻는 것부터 시작합니다. 우리말의 '약속을 지키다'는 約束をまもる라고 하며, '약속을 어기다(깨다)'라고 할 때는 約束をやぶる라고 합니다. 사정에 따라서 약속을 취소할 때는 本当にすみませんが, お約束が果たせません이라고 하면 됩니다.

몇 시까지 시간이 비어 있나요?

何時(なんじ)まで時間(じかん)があいてますか。

난지마데 지깡가 아이떼마스까

약속 장소는 그쪽에서 정하세요.

約束(やくそく)の場所(ばしょ)はそちらで決(き)めてください。

약소꾸노 바쇼와 소찌라데 기메떼 구다사이

좋아요. 그 때 만나요.

いいですよ。そのときに会(あ)いましょう。

이-데스요. 소노 도끼니 아이마쇼-

미안한데, 오늘은 안 되겠어요.

残念(ざんねん)ながら、今日(きょう)はだめなんです。

잔넨나가라, 쿄-와 다메난데스

그 날은 아쉽게도 약속이 있어요.

その日(ひ)は、あいにくと約束(やくそく)があります。

소노 히와, 아이니꾸또 약소꾸가 아리마스

급한 일이 생겨서 갈 수 없네요.

急用(きゅうよう)ができて行(い)けません。

큐-요-가 데끼떼 이께마셍

04 대화 다시듣기

☐ ☐ ☐

A: 저와 함께 점심을 하실까요?

B: 오늘은 곤란한데, 내일은 어때요?

학습일 / ☐

Unit

05 초대할 때

Mini Talk

A: 今晩(こんばん)、わたしと食事(しょくじ)はどうですか。

곰방, 와따시또 쇼꾸지와 도-데스까

오늘밤 나와 식사는 어때요?

B: いいですねえ。

이-데스네-

좋지요.

Check Point!

아무리 친한 친구라 하더라도 집으로 초대하지 않는다는 일본인도 많습니다. 이것은 집이 좁기 때문이기도 하지만 대개 자기 집안을 남에게 보이는 것을 꺼리기 때문입니다. 그러므로 일본인 집에 초대받는 것은 관계가 상당히 깊어졌다고 볼 수 있습니다. 자신의 집으로 초대할 때는 いつか遊びに来てください(언제 한번 놀러 오세요)라고 말해보세요.

우리 집에 식사하러 안 올래요?

うちに食事(しょくじ)に来(き)ませんか。

우찌니 쇼꾸지니 기마셍까

오늘밤 나와 식사는 어때요?

今晩(こんばん)、わたしと食事(しょくじ)はどうですか。

곰방, 와따시또 쇼꾸지와 도-데스까

언제 한번 식사라도 하시지요.

そのうち食事(しょくじ)でもいたしましょうね。

소노우찌 쇼꾸지데모 이따시마쇼-네

언제 한번 놀러 오세요.

いつか遊(あそ)びに来(き)てください。

이쯔까 아소비니 기떼 구다사이

가족 모두 함께 오십시오.

ご家族(かぞく)そろってお越(こ)しください。

고카조꾸 소롯떼 오꼬시 구다사이

아무런 부담 갖지 말고 오십시오.

どうぞお気軽(きがる)にいらしてください。

도-조 오키가루니 이라시떼 구다사이

05 대화 다시 듣기

A: 오늘밤 나와 식사는 어때요? □□□

B: 좋지요.

Unit 06

초대에 응답할 때

Mini Talk

A: 誕生(たんじょう)パーティーに来(き)てね。

탄죠- 파-티-니 기떼네

생일 파티에 와요.

B: もちろん。招(まね)いてくれてありがとう。

모찌롱. 마네이떼 구레떼 아리가또-

당근이죠. 초대해 줘서 고마워요.

Check Point!

초대를 제의받았을 때 기꺼이 승낙을 표현하고자 할 때는 よろこんで, もちろん, きっと 등의 부사어를 사용하고 뒤에 招いてくれてありがとう처럼 초대에 대한 고마움을 확실히 표현해보도록 합시다. 모처럼의 초대를 거절할 때는 상대방이 기분이 나쁘지 않도록 우선 사죄를 하고 응할 수 없는 사정을 적절하게 표현할 수 있어야 합니다.

Basic Expression

기꺼이 갈게요.

よろこんでうかがいます。

요로꼰데 우까가이마스

꼭 갈게요.

きっと行(い)きます。

깃또 이끼마스

초대해 줘서 고마워요.

招(まね)いてくれてありがとう。

마네이떼 구레떼 아리가또-

아쉽지만 갈 수 없어요.

残念(ざんねん)ながら行(い)けません。

잔넨나가라 이께마셍

그 날은 갈 수 없을 것 같은데요.

その日(ひ)は行(い)けないようですが。

소노 히와 이께나이 요-데스가

그 날은 선약이 있어서요.

その日(ひ)は先約(せんやく)がありますので。

소노 히와 셍야꾸가 아리마스노데

□□□

A: 생일 파티에 와요.

B: 당근이죠. 초대해 줘서 고마워요.

Unit 07

방문할 때

Mini Talk

A: これ、つまらないものですが、どうぞ。

고레, 쓰마라나이 모노데스가, 도-조

이거 변변치 않지만, 받으십시오.

B: どうも、こんなことなさらなくてもいいのに。

도-모, 곤나 고또 나사라나꾸떼모 이-노니

고마워요. 이렇게 안 하셔도 되는데.

Check Point!

집을 방문할 때는 ごめんください(실례합니다)라고 집안에 있는 사람을 부른 다음 집에서 사람이 나올 때까지 대문이나 현관에서 기다립니다. 주인이 どちらさまですか라면서 나오면, こんにちは, 今日はお招きくださってありがとうございます, お世話になります 등의 인사말하고 상대의 안내에 따라 집안으로 들어서면 됩니다.

요시무라 씨 댁이 맞습니까?

吉村(よしむら)さんのお宅(たく)はこちらでしょうか。

요시무라산노 오따꾸와 고찌라데쇼-까

스즈키 씨는 댁에 계십니까?

鈴木(すずき)さんはご在宅(ざいたく)ですか。

스즈끼상와 고자이따꾸데스까

5시에 약속을 했는데요.

5時(じ)に約束(やくそく)してありますが。

고지니 약소꾸시떼 아리마스가

좀 일찍 왔나요?

ちょっと来(く)るのが早(はや)すぎましたか。

춋또 구루노가 하야스기마시다까

늦어서 죄송해요.

遅(おそ)くなってすみません。

오소꾸낫떼 스미마셍

이거 변변치 않지만, 받으십시오.

これ、つまらないものですが、どうぞ。

고레, 쓰마라나이 모노데스가, 도-조

A: 이거 변변치 않지만, 받으십시오.

B: 고마워요. 이렇게 안 하셔도 되는데.

☐ ☐ ☐

학습일 / ☐

Unit

08 방문객을 맞이할 때

Mini Talk

A: よく来(き)てくれました。うれしいです。

요꾸 기떼 구레마시다. 우레시-데스

잘 오셨습니다. 반갑습니다.

B: お招(まね)きくださってありがとう。

오마네끼 구다삿떼 아리가또-

초대해 주셔서
고맙습니다.

Check Point!

どうぞ는 남에게 정중하게 부탁할 때나 바랄 때 하는 말로 우리말의 '부디, 아무쪼록'에 해당하며, 또한 남에게 권유할 때나 허락할 때도 쓰이는 아주 편리한 말입니다. 방문한 사람이 집안으로 들어오면 우선 마음을 편하게 하는 것이 무엇보다 중요합니다. 이럴 때 주인은 どうぞくつろいでください나 どうぞお楽に라고 하며 손님을 편하게 해줍니다.

잘 오셨습니다.

ようこそいらっしゃいました。

요-꼬소 이랏샤이마시다

자 들어오십시오.

どうぞお入(はい)りください。

도-조 오하이리 구다사이

이쪽으로 오십시오.

こちらへどうぞ。

고찌라에 도-조

집안을 안내해드릴까요?

家(いえ)の中(なか)をご案内(あんない)しましょうか。

이에노 나까오 고안나이시마쇼-까

이쪽으로 앉으십시오.

こちらへおかけください。

고찌라에 오카께 구다사이

자 편히 하십시오.

どうぞくつろいでください。

도-조 구쓰로이데 구다사이

A: 잘 오셨습니다. 반갑습니다.

B: 초대해 주셔서 고맙습니다.

□□□

학습일 /

Unit 09

방문객을 대접할 때

Mini Talk

A: さあどうぞ、ご自由(じゆう)に食(た)べてください。

사-, 도-, 고지유-니 다베떼 구다사이

자 어서, 마음껏 드세요.

B: はい、いただきます。

하이, 이따다끼마스

네, 잘 먹겠습니다.

Check Point!

먼저 손님이 찾아오면 いらっしゃいませ, どうぞ라고 맞이한 다음 どうぞお入りください라고 하며 집안으로 안내를 합니다. 안내한 곳까지 손님이 들어오면 何か飲み物はいかがですか로 마실 것을 권유한 다음 식사를 합니다. 음식을 먹기 전에는 いただきます, 음식을 먹고 나서는 ごちそうさま 등의 식사와 음식 표현에 관한 기본적인 것을 익혀둡시다.

잘 먹겠습니다.

いただきます。

이따다끼마스

이 음식, 맛 좀 보세요.

この料理(りょうり)、味見(あじみ)してください。

고노 료-리, 아지미시떼 구다사이

벌써 많이 먹었어요.

もう十分(じゅうぶん)いただきました。

모- 쥬-붕 이따다끼마시다

잘 먹었습니다.

ごちそうさまでした。

고찌소-사마데시다

요리를 잘하시는군요.

お料理(りょうり)が上手(じょうず)ですね。

오료-리가 죠-즈데스네

정말로 맛있었어요.

ほんとうにおいしかったです。

혼또-니 오이시캇따데스

A: 자 어서, 마음껏 드세요.

B: 네, 잘 먹겠습니다.

학습일 / ☐

Unit 10

방문을 마칠 때

Mini Talk

A: そろそろおいとまします。

소로소로 오이또마시마스

이제 슬슬 가볼게요.

B: もうお帰(かえ)りですか。

모- 오까에리데스까

벌써 가시게요?

Check Point!

おじゃまします(실례합니다)는 남의 집을 방문했을 경우에 하는 인사말로, 대접을 받고 나올 때는 おじゃましました(실례했습니다)라고 말합니다. 손님이 자리를 뜨려고 하면 일단 만류하는 것이 우리와 마찬가지로 일본에서도 예의입니다. 그렇다고 마냥 눈치 없이 앉아 있는 것도 폐가 되므로 초대에 대한 감사를 표시한 다음 자리에서 일어나도록 합시다.

Basic Expression

이제 그만 가볼게요.

そろそろおいとまします。

소로소로 오이또마시마스

오늘은 만나서 즐거웠어요.

今日(きょう)は会(あ)えてうれしかったです。

쿄-와 아에떼 우레시캇따데스

저희 집에도 꼭 오세요.

わたしのほうにもぜひ来(き)てください。

와따시노 호-니모 제히 기떼 구다사이

정말로 즐거웠어요.

ほんとうに楽(たの)しかったです。

혼또-니 다노시캇따데스

저녁을 잘 먹었습니다.

夕食(ゆうしょく)をごちそうさまでした。

유-쇼꾸오 고찌소-사마데시다

또 오세요.

また来(き)てくださいね。

마따 기떼 구다사이네

A: 이제 슬슬 가볼게요. □□□

B: 벌써 가시게요?

앞에서 배운 대화 내용입니다. 빈 칸을 채워보세요. 기억이 잘 안 난다고요? 녹음이 있잖아요. 녹음을 듣고 써보세요 . 정답은 각 유닛에서 확인하세요.

01 전화를 걸 때

A: もしもし。＿＿＿＿＿＿＿＿＿＿＿＿＿＿＿。

B: はい、そうですが。

여보세요. 요시다 씨 댁이죠?
네, 그런데요.

02 전화를 받을 때

A: いま、ほかの電話に出ておりますが。

B: あ、そうですか。＿＿＿＿＿＿＿＿＿＿＿＿。

지금 다른 전화를 받고 있는데요.
아, 그래요? 나중에 다시 걸게요.

03 찾는 사람이 부재중일 때

A: まだ帰ってきていないんですが。

B: 何とか＿＿＿＿＿＿＿＿＿＿＿＿＿＿＿＿＿＿＿。

아직 돌아오지 않았는데요.
무슨 연락할 방법은 없나요?

04 약속할 때

A: わたしと昼食をいっしょにいかがですか。

B: ＿＿＿＿＿＿＿＿＿＿＿＿＿、あしたはどうですか。

저와 함께 점심을 하실까요?
오늘은 곤란한데, 내일은 어때요?

05 초대할 때

A: 今晩、＿＿＿＿＿＿＿＿＿＿＿＿＿＿＿。

B: いいですねえ。

오늘밤 나와 식사는 어때요?
좋지요.

06 초대에 응답할 때

A: 誕生パーティーに来てね。
B: もちろん。＿＿＿＿＿＿＿＿＿＿＿＿＿＿＿。

생일 파티에 와요.
당근이죠. 초대해 줘서 고마워요.

07 방문할 때

A: これ、＿＿＿＿＿＿＿＿＿＿＿、＿＿＿＿＿＿＿＿。
B: どうも、こんなことなさらなくてもいいのに。

이거 변변치 않지만, 받으십시오.
고마워요. 이렇게 안 하셔도 되는데.

08 방문객을 맞이할 때

A: よく来てくれました。うれしいです。
B: ＿＿＿＿＿＿＿＿＿＿＿＿＿＿＿＿＿＿＿＿＿。

잘 오셨습니다. 반갑습니다.
초대해 주셔서 고맙습니다.

09 방문객을 대접할 때

A: さあどうぞ、ご自由に食べてください。
B: はい、＿＿＿＿＿＿＿＿＿＿＿＿＿。

자 어서, 마음껏 드세요.
네, 잘 먹겠습니다.

10 방문을 마칠 때

A: ＿＿＿＿＿＿＿＿＿＿＿＿＿＿＿＿＿＿＿＿＿。
B: もうお帰りですか。

이제 슬슬 가볼게요.
벌써 가시게요?

グッジョブ

EVERYDAY

Part 09

공공장소

일본어

학습일 ／ □

Unit 01 **은행에서**

Mini Talk

A: この1万円札(まんえんさつ)をくずしてくれますか。

고노 이찌망엔사쯔오 구즈시떼 구레마스까

이 1만 엔 권을 바꿔 주겠어요?

B: どのようにいたしましょうか。

도노요-니 이따시마쇼-까

어떻게 해드릴까요?

Check Point!

통장을 개설할 때는 외국인등록증이나 여권을 지참해야 합니다. 자유롭게 입출금할 수 있는 예금통장을 만드는 것이 편리하며 업무시간은 짧기 때문에 주의해야 합니다. 일본의 화폐단위는 円(えん)으로서 시중에서 사용되고 있는 화폐의 종류는 경화가 1, 5, 10, 50, 100, 500円의 여섯 가지이며, 지폐는 1000, 2000, 5000, 10000円 네 가지입니다.

은행은 어디에 있어요?

ぎんこう
銀行はどこにありますか。

깅꼬-와 도꼬니 아리마스까

현금인출기는 어디에 있어요?

ATMはどこにありますか。

ATM와 도꼬니 아리마스까

계좌를 트고 싶은데요.

こうざ　もう
口座を設けたいのですが。

코-자오 모-께따이노데스가

예금하고 싶은데요.

よきん
預金したいのですが。

요낀시따이노데스가

환전 창구는 어디죠?

りょうがえ　まどぐち
両替の窓口はどちらですか。

료-가에노 마도구찌와 도찌라데스까

대출 상담을 하고 싶은데요.

そうだん
ローンの相談をしたいのですが。

로-ㄴ노 소-당오 시따이노데스가

A: 이 1만 엔 권을 바꿔 주겠어요?

B: 어떻게 해드릴까요?

□ □ □

학습일 ／ □

Unit 02

우체국에서

Mini Talk

A: この小包(こづつみ)を韓国(かんこく)に送(おく)りたいのですが。

고노 코즈쯔미오 캉코꾸니 오꾸리따이노데스가

이 소포를 한국에 보내고 싶은데요.

B: 中身(なかみ)は何(なん)ですか。

나까미와 난데스까

내용물은 뭡니까?

Check Point!

일본의 우체국은 편지, 소포배달 이외에 저금, 보험 등의 업무도 취급합니다. 업무시간은 월요일부터 금요일까지로 오전 9시부터 오후 5시까지 하며 토·일요일 및 경축일은 쉽니다. 또 우표나 엽서는 우체국 외에 kiosk(전철역에 있는 매장)등 [〒]mark가 있는 상점에서도 판매합니다. post box는 도로 여기저기에 설치되어 있고 적색으로 mark가 붙어 있습니다.

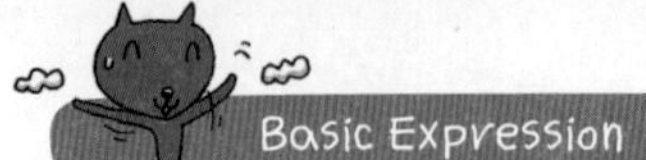

Basic Expression

우체국은 어디에 있죠?

ゆうびんきょく
郵便局はどこにありますか。

유-빙쿄꾸와 도꼬니 아리마스까

우표는 어디서 살 수 있죠?

きって　　　　か
切手はどこで買えますか。

깃떼와 도꼬데 가에마스까

빠른우편으로 부탁해요.

そくたつ　　　ねが
速達でお願いします。

소꾸타쯔데 오네가이시마스

항공편으로 보내 주세요.

こうくうびん
航空便にしてください。

코-꾸-빈니 시떼 구다사이

이 소포를 한국에 보내고 싶은데요.

こづつみ　かんこく　おく
この小包を韓国に送りたいのですが。

고노 코즈쓰미오 캉코꾸니 오꾸리따이노데스가

이 소포의 무게를 달아 주세요.

こづつみ　おも　はか
この小包の重さを計ってください。

고노 코즈쓰미노 오모사오 하깟떼 구다사이

□□□

A: 이 소포를 한국에 보내고 싶은데요.

B: 내용물은 뭡니까?

Unit

03 이발소에서

Mini Talk

A: どのように切(き)りましょうか。

도노요-니 기리마쇼-까

어떻게 자를까요?

B: いまと同(おな)じ髪型(かみがた)にしてください。

이마또 오나지 카미가따니 시떼 구다사이

지금과 같은 헤어스타일로 해 주세요.

Check Point!

이발소는 理容室(りようしつ), 床屋(とこや)라고 하며, 친근감을 담아 床屋(とこや)さん이라고 부르는 경우도 많습니다. 정기휴일은 대개 월요일(도쿄 부근)이며, 이발소 안에는 흔히 남자 모델 사진이 있으므로 그것을 보고 머리 모양을 정해도 됩니다. 우리보다 요금은 비싼 편입니다. 참고로 우리와는 달리 이발소와 미장원을 합친 미이용원이 많습니다.

머리를 자르고 싶은데요.

髪(かみ)を切(き)りたいのですが。

가미오 기리따이노데스가

머리를 조금 잘라 주세요.

髪(かみ)を少(すこ)し刈(か)ってください。

가미오 스꼬시 갓떼 구다사이

이발만 해 주세요.

散髪(さんぱつ)だけお願(ねが)いします。

삼빠쯔다께 오네가이시마스

어떻게 자를까요?

どのように切(き)りましょうか。

도노요-니 기리마쇼-까

평소 대로 해 주세요.

いつもどおりにお願(ねが)いします。

이쯔모 도-리니 오네가이시마스

머리를 염색해 주세요.

髪(かみ)の毛(け)をそめてください。

가미노께오 소메떼 구다사이

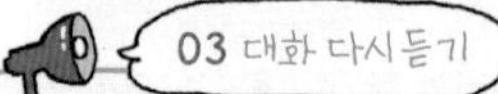

□□□

A: 어떻게 자를까요?

B: 지금과 같은 헤어스타일로 해 주세요.

학습일 /

Unit 04 미용실에서

Mini Talk

A: 今日(きょう)はどうなさいますか。

쿄-와 도- 나사이마스까

오늘은 어떻게 하시겠어요?

B: ヘアスタイルを変(か)えたいのですが。

헤아스타이루오 가에따이노데스가

헤어스타일을 바꾸고 싶은데요.

Check Point!

우리처럼 일본의 미용실의 미용은 머리 손질만을 말하는 것이 아니라, 얼굴이나 모습을 아름답게 하는 일 전반을 가리키며 美容室(びようしつ), beauty salon, hair salon 등 여러 가지로 불리고 있습니다. 말이 잘 통하지 않을 때는 비치된 헤어스타일북을 보고 마음에 든 헤어스타일이 있으면 このようにしてくださいさい라고 하면 됩니다.

괜찮은 미용실을 아세요?

いい美容院(びよういん)を知(し)りませんか。

이- 비요-잉오 시리마셍까

파마를 예약하고 싶은데요.

パーマを予約(よやく)したいのですが。

파-마오 요야꾸시따이노데스가

커트와 파마를 부탁할게요.

カットとパーマをお願(ねが)いします。

캇토또 파-마오 오네가이시마스

얼마나 커트를 할까요?

どれくらいカットしますか。

도레쿠라이 캇토 시마스까

다듬기만 해 주세요.

そろえるだけでお願(ねが)いします。

소로에루다께데 오네가이시마스

짧게 자르고 싶은데요.

ショートにしたいのですが。

쇼-토니 시따이노데스가

A: 오늘은 어떻게 하시겠어요?

B: 헤어스타일을 바꾸고 싶은데요.

□ □ □

학습일 ／ ☐

Unit 05

세탁소에서

Mini Talk

A: これ、ドライクリーニングをお願(ねが)いします。

고레, 도라이쿠리-닝구오 오네가이시마스

이거, 드라이클리닝을 해 주세요.

B: はい、全部(ぜんぶ)で5点(てん)ですね。

하이, 젬부데 고텐데스네

네, 전부해서 다섯 점이군요.

Check Point!

일본에는 주택가가 아닌 도심 한가운데에 '미사즈 히트'라는 작은 세탁소가 붐을 일으키고 있습니다. 더럽혀진 옷을 급히 세탁해야 하는 경우에도 이용되지만 주로 출근길에 맡기고 퇴근길에 찾아가는 독신남녀, 맞벌이부부들이 애용하고 있습니다. 클리닝을 부탁할 때는 クリーニングをお願いします, 다림질을 부탁할 때는 アイロンをお願いしますと라고 하면 됩니다.

Basic Expression

세탁소에 갖다 주고 와요.

だ
クリーニングに出してきてね。
쿠리-닝구니 다시떼 기떼네

드라이클리닝을 해 주세요.

ねが
ドライクリーニングをお願いします。
도라이쿠리-닝구오 오네가이시마스

셔츠에 있는 이 얼룩은 빠질까요?

と
シャツのこのシミは取れますか。
샤츠노 고노 시미와 도레마스까

다림질을 해 주세요.

アイロンをかけてください。
아이롱오 가케떼 구다사이

언제 될까요?

し あ
いつ仕上がりますか。
이쯔 시아가리마스까

치수를 고쳐 주실래요?

すんぽう なお
寸法を直してもらえますか。
슴뽀-오 나오시떼 모라에마스까

05 대화 다시 듣기

☐☐☐

A: 이거, 드라이클리닝을 해 주세요.

B: 네, 전부해서 다섯 점이군요.

학습일 ／ □

Unit

06 부동산에서

Mini Talk

A: どこに引(ひ)っ越(こ)しするつもりですか。

도꼬니 힉꼬시스루 쓰모리데스까

어디로 이사할 생각입니까?

B: 駅(えき)の近(ちか)くの場所(ばしょ)を探(さが)しています。

에끼노 치카꾸노 바쇼오 사가시떼 이마스

역 근처의 장소를
찾고 있습니다.

Check Point!

일본에서 유학생활이나 회사생활을 하려면 먼저 구해야 하는데 부동산에 관련된 용어를 알아둘 필요가 있습니다. 먼저 우리의 보증금격인 敷金(しききん)과 집을 빌려준 대가로 주는 礼金(れいきん)이 있습니다. 그밖에 거주를 하면서 家賃(やちん), 管理費(かんりひ), 光熱費(こうねつひ), 更新料(こうしんりょう) 등이 있습니다.

Basic Expression

안녕하세요, 셋방을 찾는데요.

こんにちは、部屋(へや)を探(さが)していますが。

곤니찌와, 헤야오 사가시떼 이마스가

어떤 방을 원하시죠?

どんな部屋(へや)をお望(のぞ)みですか。

돈나 헤야오 오노조미데스까

근처에 전철역은 있어요?

近(ちか)くに電車(でんしゃ)の駅(えき)はありますか。

치카꾸니 덴샤노 에끼와 아리마스까

집세는 얼마 정도예요?

家賃(やちん)はどれくらいですか。

야찡와 도레 쿠라이데스까

아파트를 보여주시겠어요?

アパートを見(み)せてくださいませんか。

아파-토오 미세떼 구다사이마셍까

언제 들어갈 수 있어요?

いつ入居(にゅうきょ)できますか。

이쯔 뉴-꾜데끼마스까

□ □ □

A: 어디로 이사할 생각입니까?

B: 역 근처의 장소를 찾고 있습니다.

Unit 07 관공서에서

Mini Talk

A: ご用件(ようけん)は何(なん)ですか。

고요-겡와 난데스까

무슨 용무로 오셨습니까?

B: はい、外国人登録(がいこくじんとうろく)をしに来(き)ました。

하이, 가이코꾸진 토-로꾸오 시니 기마시다

네, 외국인등록을 하러 왔습니다.

Check Point!

예전에는 일본에 거주하기 위해서는 구청 등에 가서 외국인등록증을 받았지만, 지금은 이름 등의 기본적인 신분 사항과 체류 자격, 체류 기간이 기재되고 증명사진이 부착된 체류카드가 교부됩니다. 새로운 체류관리제도는 일본에 체류자격을 갖고 중장기간 체류하는 외국인을 지속적으로 파악하여 편리성을 높이기 위한 제도입니다.

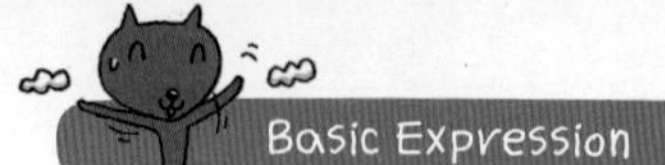

구청은 어디에 있습니까?

く やくしょ

区役所はどこにありますか。

구야꾸쇼와 도꼬니 아리마스까

외국인 등록은 무슨 과입니까?

がいこくじんとうろく　なに か

外国人登録は何課ですか。

가이꼬꾸진 토-로꾸와 나니까데스까

전입신고를 하고 싶은데요.

てんにゅうとどけ　だ

転入届を出したいんですが。

텐뉴-토도께오 다시따인데스가

제가 작성해야 할 서류는 무엇이죠?

さくせい　しょるい　なん

わたしが作成すべき書類は何ですか。

와따시가 사꾸세-스베끼 쇼루이와 난데스까

먼저 신청서를 제출하세요.

しんせいしょ　ていしゅつ

まず申請書を提出してください。

마즈 신세-쇼오 테-슈쯔시떼 구다사이

근처에 파출소는 있습니까?

ちか　こうばん

近くに交番はありますか。

치카꾸니 코-방와 아리마스까

07 대화 다시듣기

☐ ☐ ☐

A: 무슨 용무로 오셨습니까?

B: 네, 외국인등록을 하러 왔습니다.

학습일 ／ □

Unit 08

미술관・박물관에서

Mini Talk

かいかんじかん　なんじ
A: 開館時間は何時ですか。

카-깐지깡와 난지데스까

개관 시간은 몇 시입니까?

ごぜん　じ　ごご　じ
B: 午前10時から午後6時までです。

고젠 쥬-지까라 고고 로꾸지마데데스

오전 10시부터 오후 6시까지입니다.

Check Point!

외국을 여행하면 빼놓을 수없는 것이 박물관이나 미술관 등에 들어가서 관람하는 일이 많습니다. 관람하기 전에 미리 개관시간이나 폐관시간, 휴관일, 입장료, 단체할인 등을 점검하여 귀중한 여행 시간을 헛되이 보내지 않도록 합시다. 매표소에서 입장료가 얼마인지 물을 때는 入館料はいくらですか라고 해보십시오.

Basic Expression

미술관은 어디에 있습니까?

びじゅつかん
美術館はどこにありますか。

비쥬쓰깡와 도꼬니 아리마스까

입장료는 얼마입니까?

にゅうかんりょう
入館料はいくらですか。

뉴-깐료-와 이꾸라데스까

10명 이상은 단체할인이 있어요.

めいいじょう　だんたいわりびき
10名以上は団体割引がありますよ。

쥬-메- 이죠-와 단따이 와리비끼가 아리마스요

휴관일은 언제입니까?

きゅうかんび
休館日はいつですか。

큐-깜비와 이쯔데스까

박물관은 몇 시에 닫습니까?

はくぶつかん　なんじ　し
博物館は何時に閉まりますか。

하꾸부쯔깡와 난지니 시마리마스까

관내 기념품점은 어디에 있습니까?

ミュージアムショップはどこにありますか。

뮤-지아무 숍푸와 도꼬니 아리마스까

08 대화 다시듣기

□ □ □

A: 개관 시간은 몇 시입니까?

B: 오전 10시부터 오후 6시까지입니다.

Unit 09

문화시설·동식물원에서

Mini Talk

A: 子供(こども)の入場料(にゅうじょうりょう)はいくらですか。

고도모노 뉴-죠-료-와 이꾸라데스까

어린이 입장료는 얼마예요?

B: 今日(きょう)は無料(むりょう)です。

쿄-와 무료-데스

오늘은 무료입니다.

Check Point!

일본에서 동물원의 관람 형태나 방법은 차이가 없으며, 규모나 사육되는 동물의 개체 수는 차이가 있습니다. 일본을 대표하는 동물원으로는 개원 130년 역사를 자랑하는 上野(うえの) 동물원이 있습니다. 동물원 뿐만 아니라 다른 유명 여행 관광지도 마찬가지지만 일본 특유의 아기자기함과 세심함과 배려가 있습니다.

근처에 콘서트홀이 생겼어요.

近所(きんじょ)にコンサートホールができました。

킨죠니 콘사-토호-루가 데끼마시다

이번에는 시민홀에서 연주회가 있어요.

今度(こんど)は市民(しみん)ホールで演奏会(えんそうかい)があります。

곤도와 시밍호-루데 엔소-까이가 아리마스

이 식물원은 아주 넓어요.

この植物園(しょくぶつえん)はとても広(ひろ)いです。

고노 쇼꾸부쯔엥와 도떼모 히로이데스

여기는 일본에서 가장 큰 동물원입니다.

ここは日本(にほん)で最大(さいだい)の動物園(どうぶつえん)です。

고꼬와 니혼데 사이다이노 도-부쯔엔데스

이 빌딩에는 수족관도 있어요.

このビルには水族館(すいぞくかん)もあります。

고노 비루니와 스이조꾸깐모 아리마스

여기는 천천히 자연 관찰을 할 수 있어요.

ここはゆっくり自然観察(しぜんかんさつ)ができますよ。

고꼬와 육꾸리 시젱 칸사쯔가 데끼마스요

□ □ □

A: 어린이 입장료는 얼마예요?

B: 오늘은 무료입니다.

Unit 10 도서관에서

A: 日課(にっか)が終(お)わったら、図書館(としょかん)に行(い)くよ。

닉까가 오왓따라, 도쇼깐니 이꾸요

일과가 끝나면 도서관에 가.

B: あ、そう。あれが図書館(としょかん)なの。

아, 소-. 아레가 도쇼깐나노

아, 그래.
저게 도서관이니?

Check Point!

도서관 안에서 카페처럼 음료수 등은 마실 수 없지만, 국공립 도서관은 무료로 이용이 가능하며, 개관시간 안이라면 시간 제약도 받지 않고 자리를 차지하고 공부할 수 있습니다. 일본 도서관은 특별히 출입에 무언가 제시를 요구하는 일도 없으며, 일본의 図書館(としょかん)은 市立(しりつ)와 区立(くりつ) 도서관이 제일 많습니다.

Basic Expression

도서관에서 책을 빌려 올게요.

図書館(としょかん)で本(ほん)を借(か)りてきますよ。

도쇼깐데 홍오 가리떼 기마스요

이 책은 빌릴 수 있는 겁니까?

この本(ほん)は借(か)りられるのですか。

고노 홍와 가리라레루노데스까

컴퓨터로 검색하세요.

コンピューターで検索(けんさく)してください。

콤퓨-타-데 겐사꾸시떼 구다사이

이것은 대출 중입니다.

これは貸(か)し出(だ)し中(ちゅう)です。

고레와 가시다시쮸-데스

대출 기간은 1주일입니다.

貸(か)し出(だ)し期間(きかん)は1週間(しゅうかん)です。

가시다시 기깡와 잇슈-깐데스

도서관에 책을 돌려주고 올게요.

図書館(としょかん)に本(ほん)を返(かえ)してきますよ。

도쇼깐니 홍오 가에시떼 기마스요

A: 일과가 끝나면 도서관에 가. □□□

B: 아, 그래. 저게 도서관이니?

앞에서 배운 대화 내용입니다. 빈 칸을 채워보세요. 기억이 잘 안 난다고요? 녹음이 있잖아요. 녹음을 듣고 써보세요 . 정답은 각 유닛에서 확인하세요.

01 은행에서

A: ____________________。

B: どのようにいたしましょうか。

이 1만 엔 권을 바꿔 주겠어요?
어떻게 해드릴까요?

02 우체국에서

A: ____________________。

B: 中身は何ですか。

이 소포를 한국에 보내고 싶은데요.
내용물은 뭡니까?

03 이발소에서

A: ____________________。

B: いまと同じ髪型にしてください。

어떻게 자를까요?
지금과 같은 헤어스타일로 해 주세요.

04 미용실에서

A: 今日はどうなさいますか。

B: ____________________。

오늘은 어떻게 하시겠어요?
헤어스타일을 바꾸고 싶은데요.

05 세탁소에서

A: これ、____________________。

B: はい、全部で5点ですね。

이거, 드라이클리닝을 해 주세요.
네, 전부해서 다섯 점이군요.

06 부동산에서

A: どこに引っ越しするつもりですか。

B: ＿＿＿＿＿＿＿＿＿＿＿＿＿＿＿＿＿＿＿＿。

어디로 이사할 생각입니까?
역 근처의 장소를 찾고 있습니다.

07 관공서에서

A: ご用件は何ですか。

B: はい、＿＿＿＿＿＿＿＿＿＿＿＿＿＿＿＿。

무슨 용무로 오셨습니까?
네, 외국인등록을 하러 왔습니다.

08 미술관·박물관에서

A: ＿＿＿＿＿＿＿＿＿＿＿＿＿＿＿＿＿＿＿＿。

B: 午前10時から午後6時までです。

개관 시간은 몇 시입니까?
오전 10시부터 오후 6시까지입니다.

09 문화시설·동식물원에서

A: ＿＿＿＿＿＿＿＿＿＿＿＿＿＿＿＿＿＿＿＿。

B: 今日は無料です。

어린이 입장료는 얼마예요?
오늘은 무료입니다.

10 도서관에서

A: 日課が終わったら、＿＿＿＿＿＿＿＿＿＿＿＿＿＿。

B: あ、そう。あれが図書館なの。

일과가 끝나면 도서관에 가.
아, 그래. 저게 도서관이니?

EVERYDAY

Part 10

일본어

학습일 / ☐

Unit

01 병원에서

Mini Talk

A: この病院での受診(びょういん / じゅしん)はじめてですか。

고노 뵤-인데노 쥬싱와 하지메떼데스까

이 병원에서의 진료는 처음이세요?

B: はじめてではないのですが。

하지메떼데와 나이노데스가

처음은 아니고요.

Check Point!

의사에게 진찰을 받고 싶을 때는 먼저 호텔 프런트에 증상을 설명하고 해당 의료기관을 소개받습니다. 또한 관광안내소에서도 가까운 의료기관을 소개받을 수 있으며, 만약 해외여행보험에 가입했을 경우에도 보험사에 연락하여 의료기관을 소개받을 수 있습니다. 병원에서 들어가면 먼저 접수를 하고 문진표를 작성한 다음 의사의 진찰과 처방을 받고 수납하면 됩니다.

Basic Expression

무슨 과의 진료를 원하세요?

なにか　じゅしん　きぼう
何科の受診をご希望ですか。

나니까노 쥬싱오 고키보-데스까

보험증은 가지고 계세요?

ほけんしょう　も
保険証はお持ちでしょうか。

호겐쇼-와 오모찌데쇼-까

이 병원에서의 진료는 처음이세요?

びょういん　じゅしん
この病院での受診ははじめてですか。

고노 뵤-인데노 쥬싱와 하지메떼데스까

다음에는 언제 오면 되죠?

こんど　き
今度はいつ来たらいいでしょうか。

곤도와 이쯔 기따라 이-데쇼-까

몇 번 통원해야 하죠?

なんかいつういん
何回通院しないといけませんか。

낭까이 쓰-인시나이또 이께마셍까

오늘 진찰비는 얼마에요?

きょう　しんさつだい
今日の診察代はおいくらですか。

쿄-노 신사쯔다이와 오이꾸라데스까

01 대화 다시듣기

A: 이 병원에서의 진료는 처음이세요? □ □ □

B: 처음은 아니고요.

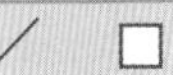

Unit 02 증세를 물을 때

Mini Talk

A: このような症状(しょうじょう)は、以前(いぜん)にもありましたか。

고노요-나 쇼-죠-와, 이젠니모 아리마시다까

이런 증상은 이전에도 있었어요?

B: いいえ、はじめてです。

이-에, 하지메떼데스

아뇨, 처음입니다.

Check Point!

현지에서 몸이 아플 때 말이 통하지 않으면 매우 당혹스럽습니다. 이럴 때는 현지 가이드의 통역을 받는 것이 가장 손쉬운 일이지만, 혼자일 경우에는 아픈 증상을 정확하게 전달할 수 있는 의사소통의 능력을 갖추어야 합니다. 우리와 마찬가지로 대부분의 병원은 접수를 하고 대기하면 순서대로 호출을 합니다. 의사가 증상을 물으면 정확하게 증상을 말하도록 합시다.

Basic Expression

오늘은 어땠어요?

今日(きょう)はどうなさいましたか。

쿄-와 도- 나사이마시다까

어디 아프세요?

どこか痛(いた)みますか。

도꼬까 이따미마스까

여기를 누르면 아파요?

ここを押(お)すと痛(いた)いですか。

고꼬오 오스또 이따이데스까

어느 정도 간격으로 머리가 아프세요?

どれくらいおきに頭痛(ずつう)がしますか。

도레쿠라이 오끼니 즈쓰-가 시마스까

이런 증상은 이전에도 있었어요?

このような症状(しょうじょう)は、以前(いぜん)にもありましたか。

고노요-나 쇼-죠-와, 이젠니모 아리마시다까

알레르기 체질인가요?

アレルギー体質(たいしつ)ですか。

아레루기- 타이시쯔데스까

02 대화 다시 듣기

□ □ □

A: 이런 증상은 이전에도 있었어요?

B: 아뇨, 처음입니다.

학습일 ╱ ☐

Unit 03

증상을 설명할 때

Mini Talk

A: 頭痛(ずつう)と発熱(はつねつ)があって、のども痛(いた)いんです。

조쓰-또 하쯔네쯔가 앗떼, 노도모 이따인데스

두통과 발열이 있고 목도 아파요.

B: いつからですか。

이쯔까라데스까

언제부터입니까?

Check Point!

의사에게 진료를 받을 때는 아픈 증상을 자세하게 말해야 정확한 진단이 나옵니다. 말이 잘 통하지 않을 때는 한국어를 잘 아는 의사를 부탁하거나 통역을 불러 진료를 받도록 하세요. 아픈 증상을 일본어로 말할 때는 확실히 밝혀진 것이 아니기 때문에 불확실한 단정을 나타내는 ~ようです(~인 것 같습니다)나 회화체인 ~みたいです로 표현하는 경우가 많습니다.

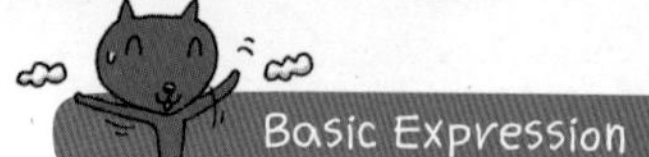

Basic Expression

열이 있고 기침이 있어요.

熱(ねつ)があり、せきが出(で)ます。

네쯔가 아리, 세끼가 데마스

조금 열이 있는 것 같아요.

すこし熱(ねつ)があるようです。

스꼬시 네쯔가 아루요-데스

미열이 있는 것 같아요.

微熱(びねつ)があるようです。

비네쯔가 아루요-데스

유행성 독감에 걸린 것 같아요.

流感(りゅうかん)にかかったみたいです。

류-깐니 가캇따미따이데스

토할 것 같아요.

吐(は)きそうです。

하끼소-데스

어젯밤부터 두통이 심해요.

ゆうべから頭痛(ずつう)がひどいです。

유-베까라 즈쓰-가 히도이데스

03 대화 다시듣기

A: 두통과 발열이 있고 목도 아파요. □□□

B: 언제부터입니까?

학습일 /

Unit 04 아픈 곳을 말할 때

Mini Talk

A: ひざを曲(ま)げられますか。

히자오 마게라레마스까

무릎을 구부릴 수 있나요?

B: とても痛(いた)くて曲(ま)げられません。

도떼모 이따꾸떼 마게라레마셍

너무 아파서 굽힐 수 없어요.

Check Point!

여행을 하다 보면 뜻하지 않게 사고로 다치거나 몸이 아파서 병원을 찾아야 하는 경우가 있습니다. 의사가 물으면 아픈 곳을 손으로 가리키며 정확히 말하도록 합시다. 일본어에서 우리말 '아프다'에 해당하는 단어는 痛い와 痛む가 있습니다. 痛い는 형용사이며 痛む는 동사입니다. 따라서 형용사와 동사는 서술어이기 때문에 활용 방법만 다르지 의미에는 차이가 없습니다.

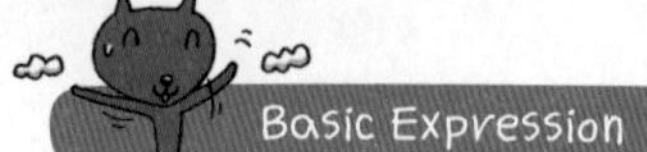

배가 아파요.

腹(はら)が痛(いた)みます。

하라가 이따미마스

허리가 아파서 움직일 수 없어요.

腰(こし)が痛(いた)くて動(うご)けません。

고시가 이따꾸떼 우고께마셍

귀가 울려요.

耳鳴(みみな)りがします。

미미나리가 시마스

무좀이 심해요.

水虫(みずむし)がひどいのです。

미즈무시가 히도이노데스

아파서 눈을 뜰 수 없어요.

痛(いた)くて目(め)を開(あ)けていられません。

이따꾸떼 메오 아께떼 이라레마셍

이 주위를 누르면 무척 아파요.

このあたりを押(お)すとひどく痛(いた)いです。

고노 아따리오 오스또 히도꾸 이따이데스

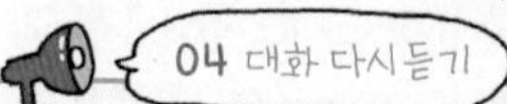

A: 무릎을 구부릴 수 있나요?

B: 너무 아파서 굽힐 수 없어요.

□□□

Unit 05 검진을 받을 때

Mini Talk

A: この検査(けんさ)は痛(いた)いですか。

고노 켄사와 이따이데스까

이 검사는 아파요?

B: いいえ、痛(いた)みは一切(いっさい)ありません。

이-에, 이따미와 잇사이 아리마셍

아뇨, 통증은 전혀 없습니다.

Check Point!

병원에서 진찰을 받은 결과 보다 정확한 진단을 위해 몇 가지 검사나 검진을 하는 경우가 있습니다. 만약을 대비해서 병원 검진에 필요한 표현을 익혀두가 바랍니다. 건강검진의 경우 인기있는 종합병원의 경우 1년 후의 예약까지 다 차있다고 합니다. 하지만 일본에서 거주하거나 유학생활을 하는 경우 이외는 여행을 하면서 건강검진을 받을 일은 없습니다.

Basic Expression

목을 보여 주세요.

喉(のど)を見(み)せてください。

노도오 미세떼 구다사이

혈압을 잴게요.

血圧(けつあつ)を計(はか)ります。

게쯔아쯔오 하까리마스

여기 엎드려 누우세요.

ここにうつぶせに寝(ね)てください。

고꼬니 우쯔부세니 네떼 구다사이

숨을 들이쉬고 멈추세요.

息(いき)を吸(す)って止(と)めてください。

이끼오 슷떼 도메떼 구다사이

저는 어디가 안 좋아요?

わたしはどこが悪(わる)いのでしょうか。

와따시와 도꼬가 와루이노데쇼-까

결과는 1주일 후에 나옵니다.

結果(けっか)は1週間後(しゅうかんご)に出(で)ます。

겍까와 잇슈-깡고니 데마스

☐ ☐ ☐

A: 이 검사는 아파요?

B: 아뇨, 통증은 전혀 없습니다.

학습일 /

Unit 06

이비인후과에서

Mini Talk

A: 聴力検査(ちょうりょくけんさ)を受(う)けたいんですが。

쵸-료꾸켄사오 우께따인데스가

청력검사를 받고 싶은데요.

B: 耳(みみ)に何(なに)か異常(いじょう)がありますか。

미미니 나니까 이죠-가 아리마스까

귀에 무슨 이상이 있나요?

Check Point!

일본의 耳鼻咽喉科(じびいんこうか)도 우리나라 이비인후과와 마찬가지로 귀, 코, 목에 관련된 질환을 치료하는 곳입니다. 귀가 아프거나 코나 목이 아플 때는 가까운 곳에 있는 이비인후과에서 진료를 받을 수 있으며, 심할 경우에는 종합병원에서 정밀진단 후 치료를 받을 수 있습니다. 물론 감기가 들었을 때도 진료를 받을 수 있습니다.

귀에 무언가 들어간 것 같아요.

耳(みみ)に何(なに)か入(はい)ったようです。

미미니 나니까 하잇따요-데스

코를 풀면 귀가 아파요.

鼻(はな)をかむと耳(みみ)が痛(いた)いです。

하나오 카무또 미미가 이따이데스

코피가 가끔 나와요.

鼻血(はなぢ)がときどき出(で)ます。

하나지가 도끼도끼 데마스

코가 막혀서 숨을 쉴 수 없어요.

鼻(はな)がつまって、息(いき)ができません。

하나가 쓰맛떼, 이끼가 데끼마셍

심하게 기침이 나고 목이 아파요.

ひどく咳(せき)が出(で)て、喉(のど)が痛(いた)いです。

히도꾸 세끼가 데떼, 노도가 이따이데스

지금은 침을 삼키는 것도 힘들어요.

今(いま)は唾(つば)を飲(の)むのも苦(くる)しいのです。

이마와 쓰바오 노무노모 구루시-노데스

A: 청력검사를 받고 싶은데요.

B: 귀에 무슨 이상이 있나요?

Unit 07 안과에서

Mini Talk

A: 左目(ひだりめ)がちょっと悪(わる)いようですが。

히다리메가 춋또 와루이요-데스가

왼쪽 눈이 좀 안 좋은 것 같은데요.

B: じゃ、調(しら)べてみましょう。目(め)を大(おお)きく開(あ)けてください。

쟈, 시라베떼 미마쇼-. 메오 오-끼꾸 아께떼 구다사이

자, 검사해봅시다. 눈을 크게 뜨세요.

Check Point!

안과에 진료를 받으러 갈 때는 미리 예약을 하고 가는 게 기다리지 않고 제 시간에 진료를 받을 수 있습니다. 병원에 도착해서 일본 거주자라면 건강보험증을 제출하고 용무를 말하고 의자에 앉아서 기다리면 됩니다. 우리와는 달리 렌즈는 병원에서도 구할 수 있으며, 여행객이라면 보험이 없으므로 진찰비와 약값을 100% 부담해야 합니다.

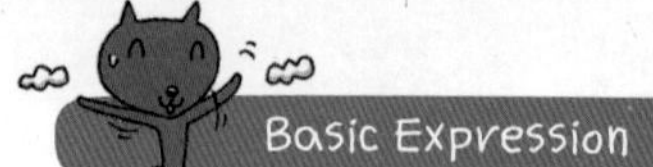

최근에 시력이 떨어진 것 같아요.

さいきん　しりょく　お

最近、視力が落ちたようです。

사이낑, 시료꾸가 오치따요-데스

안경을 쓰면 머리가 아파요.

めがね　あたま　いた

眼鏡をかけると、頭が痛いです。

메가네오 가께루또, 아따마가 이따이데스

가까운 사물이 잘 보이지 않아요.

ちか　もの　み

近くの物がよく見えません。

치카꾸노 모노가 요꾸 미에마셍

눈이 충혈되어 있어요.

め　じゅうけつ

目が充血しています。

메가 쥬-케쯔시떼 이마스

눈을 감으면 아파요.

め　いた

目をつぶると、痛いです。

메오 쓰부루또, 이따이데스

눈에 다래끼가 났어요.

め　もの

目に物もらいができています。

메니 모노모라이가 데끼떼 이마스

A: 왼쪽 눈이 좀 안 좋은 것 같은데요.

B: 자 검사해봅시다. 눈을 크게 뜨세요.

□ □ □

학습일 ／ □

Unit 08 **치과에서**

Mini Talk

A: 先生(せんせい)、歯(は)ブラシはどんなものがいいでしょうか。

센세-, 하부라시와 돈나 모노가 이-데쇼-까

선생님, 칫솔은 어떤 게 좋을까요?

B: どなたが使(つか)うのですか。

도나따가 쓰까우노데스까

어느 분이 쓰실 겁니까?

Check Point!

여행 중에 병원에 갈 일이 없으면 좋겠지만 여행을 하다보면 아파서 병원에 가야 할 일이 생기는 경우가 있습니다. 만약 이가 아프면 歯科(しか)에 가서 歯医者(はいしゃ)에게 진료를 받아야 합니다. 치과에 가면 치석을 제거하거나(歯石を削る) 충치를 치료합니다(虫歯を治療する). 임플란트나 교정 등은 비싸므로 한국에서 하는 게 좋습니다.

치석을 제거하러 왔어요.

しせき　けず　き
歯石を削りに来ました。

시세끼오 케즈리니 기마시다

충치 치료를 받으러 왔어요.

むしば　ちりょう　う　き
虫歯の治療を受けに来ました。

무시바노 치료-오 우께니 기마시다

이가 몹시 아파요.

は　いた
歯がひどく痛いんです。

하가 히도꾸 이따인데스

잇몸이 아파요.

はぐき　いた
歯茎が痛いです。

하구끼가 이따이데스

이를 닦으면 잇몸에서 피가 나와요.

は　みが　はぐき　ち　で
歯を磨くと、歯茎から血が出ます。

하오 미가꾸또, 하구끼까라 치가 데마스

어제 치과의사에게 진찰을 받았습니다.

はいしゃ　み
きのう歯医者に見てもらいました。

기노- 하이샤니 미떼 모라이마시다

A: 선생님, 칫솔은 어떤 게 좋을까요?

B: 어느 분이 쓰실 겁니까?

□ □ □

학습일 / □

Unit

09 입퇴원 또는 병문안할 때

Mini Talk

A: 木村(きむら)さん、どうしたんですか。

기무라상, 도-시딴데스까

기무라 씨, 어떻게 된 거죠?

B: ええ、交通事故(こうつうじこ)で軽(かる)い怪我(けが)をしまして…。

에-, 고-쓰-지꼬데 가루이 게가오 시마시떼

예, 교통사고로 가볍게 다쳐서요….

Check Point!

예전에는 병문안을 할 때 꽃다발을 가지고 갔으나 지금은 금지하고 있으므로 음료수나 먹을 것 등을 가지고 가는 게 좋습니다. 그리고 병원에서는 조용히 말을 해야 합니다. 만약 병실이 1인실이 아니라면 옆에 계시는 분들에게도 피해가 되기 때문입니다. 환자와의 긴 시간 동안 함께 있는 것은 예의가 아니므로 상대의 쾌차를 빌고 일찍 나오는 것도 좋습니다.

Basic Expression

어느 병원에 입원했죠?

びょういん　にゅういん
どこの病院に入院しましたか。
도꼬노 뵤-인니 뉴-인시마시다까

요시무라 씨 병실은 어디죠?

よしむら　　　びょうしつ
吉村さんの病室はどこですか。
요시무라산노 뵤-시쯔와 도꼬데스까

빨리 회복하세요.

はや
早く、よくなってくださいね。
하야꾸, 요꾸낫떼 구다사이네

생각보다 훨씬 건강해 보이네요.

おも　　　　　　　げんき
思ったよりずっと元気そうですね。
오못따요리 즛또 겡끼소-데스네

반드시 곧 건강해질 거예요.

げんき
きっとすぐ元気になりますよ。
깃또 스구 겡끼니 나리마스요

아무쪼록 몸조리 잘하세요.

だいじ
くれぐれもお大事に。
구레구레모 오다이지니

□□□

A: 기무라 씨, 어떻게 된 거죠?

B: 예, 교통사고로 가볍게 다쳐서요….

Unit 10 약국에서

Mini Talk

A: 旅行疲(りょこうづか)れによく効(き)く薬(くすり)はありますか。

료꼬-즈까레니 요꾸 기꾸 구스리와 아리마스까

여행 피로에 잘 듣는 약은 있어요?

B: これは旅行疲(りょこうづか)れによく効(き)きます。

고레와 료꼬-즈까레니 요꾸 기끼마스

이건 여행 피로에 잘 듣습니다.

Check Point!

일본도 우리처럼 의사의 진단이 없이는 약을 함부로 조제받거나 간단한 약을 사는 데도 의사의 처방이 필요한 경우가 있으므로 병원에 가서 의사의 처방을 받아야 합니다. 또한 요즘 일본에서는 병원 진료를 받으려면 너무 많이 기다려야 하기 때문에 심각한 통증이나 질환이 아닌 대다수의 소비자는 드럭스토어에 가서 일반의약품을 사 먹고 얼른 문제를 해결하려고 합니다.

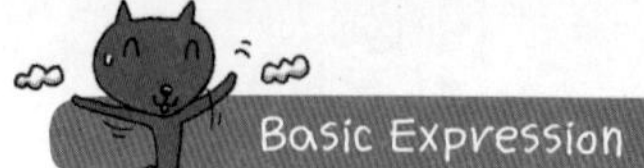

이 약으로 통증이 가라앉을까요?

この薬(くすり)で痛(いた)みがとれますか。

고노 구스리데 이따미가 도레마스까

피로에는 무엇이 잘 들어요?

疲(つか)れ目(め)には何(なに)が効(き)きますか。

쓰까레메니와 나니가 기끼마스까

바르는 약 좀 주세요.

塗(ぬ)り薬(ぐすり)がほしいのですが。

누리구스리가 호시-노데스가

몇 번 정도 복용하죠?

何回(なんかい)くらい服用(ふくよう)するのですか。

낭까이 쿠라이 후꾸요-스루노데스까

한 번에 몇 알 먹으면 되죠?

1回(かい)に何錠(なんじょう)飲(の)めばいいですか。

익까이니 난죠- 노메바 이-데스까

진통제는 들어 있어요?

痛(いた)み止(ど)めは入(はい)っていますか。

이따미도메와 하잇떼 이마스까

A: 여행 피로에 잘 듣는 약은 있어요?

B: 이건 여행 피로에 잘 듣습니다.

□ □ □

앞에서 배운 대화 내용입니다. 빈 칸을 채워보세요. 기억이 잘 안 난다고요? 녹음이 있잖아요. 녹음을 듣고 써보세요 . 정답은 각 유닛에서 확인하세요.

01 병원에서

A: この病院での＿＿＿＿＿＿＿＿＿＿。
B: はじめてではないのですが。

이 병원에서의 진료는 처음이세요?
처음은 아니고요.

02 증세를 물을 때

A: このような症状は、＿＿＿＿＿＿＿＿＿＿。
B: いいえ、はじめてです。

이런 증상은 이전에도 있었어요?
아뇨, 처음입니다.

03 증상을 설명할 때

A: ＿＿＿＿＿＿＿＿＿＿、のども痛いんです。
B: いつからですか。

두통과 발열이 있고 목도 아파요.
언제부터입니까?

04 아픈 곳을 말할 때

A: ひざを曲げられますか。
B: とても＿＿＿＿＿＿＿＿＿＿。

무릎을 구부릴 수 있나요?
너무 아파서 굽힐 수 없어요.

05 검진을 받을 때

A: ＿＿＿＿＿＿＿＿＿＿。
B: いいえ、痛みは一切ありません。

이 검사는 아파요?
아뇨, 통증은 전혀 없습니다.

06 이비인후과에서

A: 聴力＿＿＿＿＿＿＿＿＿＿＿＿＿＿＿＿。
B: 耳に何か異常がありますか。

청력검사를 받고 싶은데요.
귀에 무슨 이상이 있나요?

07 안과에서

A: 左目が＿＿＿＿＿＿＿＿＿＿＿＿＿＿＿＿。
B: じゃ調べてみましょう。目を大きく開けてください。

왼쪽 눈이 좀 안 좋은 것 같은데요.
자 검사해봅시다. 눈을 크게 뜨세요.

08 치과에서

A: 先生、＿＿＿＿＿＿＿＿＿＿＿＿＿＿＿＿。
B: どなたが使うのですか。

선생님, 칫솔은 어떤 게 좋을까요?
어느 분이 쓰실 겁니까?

09 입퇴원 또는 병문안할 때

A: 木村さん、＿＿＿＿＿＿＿＿＿＿＿＿＿＿＿＿。
B: ええ、交通事故で軽い怪我をしまして…。

기무라 씨, 어떻게 된 거죠?
예, 교통사고로 가볍게 다쳐서요….

10 약국에서

A: 旅行疲れに＿＿＿＿＿＿＿＿＿＿＿＿＿＿＿＿。
B: これは旅行疲れによく効きます。

여행 피로에 잘 듣는 약은 있어요?
이건 여행 피로에 잘 듣습니다.

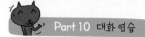